regibus et aliis supradictis que contra premissa volumus in nullo alicui vel aliquibus suffragari. Nulli ergo omnino hominum liceat hanc paginam nostre constitucionis prohibicionis seu precepti infringere vel ei ausu temerario contraire. Si quis autem hoc attemptare presumpserit indignacionem omnipotentis dei [Fo. 210ᵛ] et beatorum Petri et Pauli apostolorum | ejus se noverit incursurum. Datum Rome apud Sanctum Petrum viᵒ kal. Martii pontificatus nostri anno secundo. Item Bonifacius episcopus servis servorum dei venerabilibus fratribus B. Albanensi et S. Penestrensi episcopis sedis apostolice nunciis salutem et apostolicam benedictionem. Constitucionem quam nuper in favorem ecclesiastice libertatis edidimus vobis bulla nostra munitam per dilectos filios magistros Galterum de Raus et Arnaldum de Cantalupo nuncios nostros latores presencium destinamus fraternitati vestre per apostolica scripta mandantes quatinus vos vel alter vestrum per vos vel per alium seu alios constitucionem predictam per Francie et Anglie regna in eorum locis de quibus expedire videritis, auctoritate nostra publicare curetis ejus copiam petentibus facientes. Datum Rome apud sanctum Petrum xi kal. Maii pontificatus nostri anno secundo. Hujusmodi igitur auctoritate mandati paternitati vestre tenore presencium committimus et mandamus quatinus[1] in virtute sancte obediencie injungentes quatinus[1] constitucionem prescriptam in vestris civitatibus et diocesibus ac provinciis publicetis nisi jam publicaveritis juxta a nobis alias traditam vobis formam et faciatis solempniter pupplicari ejus petentibus copiam facientes. Insuper vos monemus attencius ac ex parte prefati domini summi pontificis de speciali mandato suo noviter nobis facto districte precipiendo mandamus[2] ut constitucionem ipsam diligenter observetis et a subditis vestris faciatis inviolabiliter observari. Datum Paris' vi id. Octobris anno domini mᵒ ccᵒ nonagesimo sexto pontificatus domini Bonifacii pape viii anno secundo. Volentes igitur ut nobis incumbit super hiis exequi quod mandatur vobis juxta premissorum effectum injungimus et mandamus quatinus mandatum hujusmodi quo ad pupplicacionem ac cetera omnia in eodem mandato contenta in vestra diocesi quam cicius oportune poteritis juxta traditam ut premittitur vobis[3] formam et secundum juris exigenciam patenter ac diligenter in omnibus exequamini seu exequi faciatis et ea singula quatenus ad vos pertinent observetis ac a vestris subditis faciatis inviolabiliter

---

[1] MS. repeats quatinus.

[2] MS. mandantes.

[3] MS. nobis.

observari.   Datum apud Maghefeld non. Januarii anno domini m°
cc° nonagesimo sexto consecracionis nostre tercio.

———

[*February 26th, 1297.   Mandate to the Bishop of London to summon the bishops
of the province of Canterbury to a meeting of Convocation at St. Paul's on
March 26th, and to command the bishops to summon representatives of all the
clergy of their dioceses.*]

LITTERA DE CONVOCACIONE.—Robertus permissione divina
et cetera venerabili fratri domino R. dei gracia Londoniensi episcopo
salutem et cetera.   Ad ardua statum prelatorum tociusque cleri ac
eciam ecclesie Anglicane tangencia que jam ut refertur veraciter in
singulis regni Anglie partibus noviter emerserunt, super
[Fo. 211.]   quibus ipsorum prelatorum et cleri | consilium pro remediis
adhibendis de necessitate requiritur, nostre consideracionis
intuitum convertentes ex magna et diligenti super hoc deliberacione
premissa concepimus ac perpendimus evidenter quod dictos prelatos
et clerum adhuc ex causis premissis convocare celeriter, licet nuper
ex alia convocacione consimili multum fatigati fuissent, quod nos
quamplurimum angit, modis omnibus oportebit.   Quocirca fraternitati vestre committimus et mandamus quatinus cum omni qua
fieri poterit celeritate convocando citetis seu citari faciatis
peremptorie omnes coepiscopos ac suffraganeos nostre Cantuariensis provincie et per eosdem episcopos singulos in suis
diocesibus vice et auctoritate nostra citare mandetis decanos
cathedralium ecclesiarum in quibus sunt canonici seculares,
aliarum vero cathedralium priores, de ceterisque monasteriis
non exemptis ipsorum abbates, de hiis quoque que per priores
perpetuos et electivos plenum conventum habentes reguntur,
eorundem monasteriorum priores et omnium ecclesiarum ac
monasteriorum hujusmodi capitula seu conventus clerum eciam
universum cujusque diocesis, videlicet ut dicti episcopi sub sue
professionis et obediencie in ea promisse debito, decani vero
abbates et priores prefati in virtute sancte obediencie personaliter
ac unumquodque capitulum seu conventus per unum, clerus quoque
cujuslibet diocesis per unum similiter procuratorem idoneum et
instructum mandatum sufficiens una cum clausula de rato habentem
die dominica qua cantabitur officium Letare Jerusalem ventura
proximo cum diebus continuandis eidem usque ad finalem expedicionem tractatus omni inevitabili excusacione cessante que si
pretensa et non probata extiterit absentem nullatenus excusabit, in
ecclesia sancti Pauli Londonie compareant super premissis una

nobiscum efficaciter tractaturi suumque dicturi consilium in eisdem
ac eciam ordinaturi concorditer quid ad honorem dei et sue ecclesie
ac regni Anglie omniumque incolarum ejusdem securitatem et
commodum ac animarum salutem pocius sit agendum, et quando
ac qualiter sic provisa seu concorditer ordinata ad congruum per
execuciones idoneas deducantur effectum et ad providendum ac
faciendum ulterius in premissis quod pocius fuerit oportunum.
Religiosi eciam diocesium predictarum exempti quos sicut et
ceteros prenotata contingunt ut modo supradicto absque prejudicio privilegiorum suorum compareant per locorum episcopos
efficaciter inducantur. Dictis quidem episcopis in vestris hujusmodi
litteris injungatis auctoritate nostra predicta ut eorum
[Fo. 211ᵛ·] quilibet de execucione in diocesi sua | sic facta ac eciam
de citatis ibidem ut supra nos dictis die et loco plene
certificent. Et vos ipsi citaciones ac inducciones premissas in
vestra diocesi plenius exequentes prefatis die et loco cum diebus ut
prenotatur sequentibus vestram exhibeatis presenciam personalem ;
nosque de tempore recepcionis presencium et quid de premissis
feceritis ac eciam de citatis ut supra in cedula quo ad id separata,
tunc certificetis idonee per vestras patentes litteras harum seriem
continentes. Datum Cantuarie iiij kal. Marcii anno domini mᵒ ccᵒ
nonagesimo sexto consecracionis nostre tercio.

———

[*May 2nd, 1297. Judgment annulling the marriage between Avelina de la Legh'
and Alan Waldershare, and compelling Alan Waldershare to make restitu-
tion of all the property of Avelina.*]

In dei nomine amen. Auditis et intellectis meritis cause
divorcii que vertitur in auditorio nostro inter Avelinam de la
Legh' mulierem actricem ex parte una et Alanum dictum
Waldeshef militem qui ipsam Avelinam jam diu est tenuit ut
uxorem respondentem ex altera, dato libello in causa eadem in quo
procurator ipsius Aveline narrans et asserens quod eadem Avelina
cum Johanne de Pouns adhuc superstite matrimonium legitime
per verba mutuum consensum de presenti exprimencia contraxit
carnali copula subsecuta antequam ipsa cum dicto Alano matrimonium de facto contraxisset, petit procuratorio nomine probatis
probandis dictum matrimonium inter ipsos Alanum et Avelinam
sic de facto contractum nullum fuisse et esse cassum et irritum
sentencialiter declarari, ipsosque Alanum et Avelinam quatenus
adinvicem de facto cohabitant judicialiter separari et ulterius fieri

super hiis quod est justum, servatis quoque que in hac parte
sufficiebant solempniis testibusque super intencione mulieris pro-
ductis juratis examinatis ac dictis eorum ut convenit pupplicatis
omnibusque rite peractis quia per probacionem hujusmodi sufficienter et legitime constat mulierem eandem suam intencionem quo ad
premissa fundasse, dictumque matrimonium inter Alanum et
Avelinam bannis non editis clamdestine fuisse contractum.   Nos
Robertus permissione divina Cantuariensis archiepiscopus tocius
Anglie primas invocata spiritus sancti gracia prefatam Avelinam
cum dicto Johanne matrimonium legittime contraxisse, ac eciam per
carnalem copulam consumasse antequam ipsa cum dicto Alano
matrimonium contraxisset pronunciamus, ipsumque matrimonium
inter eosdem Alanum et Avelinam sic clamdestine et de facto
contractum nullum fuisse et esse ac eciam cassum et irritum
sentencialiter declaramus, et eosdem Alanum et Avelinam quatenus
         de facto cohabitant, abinvicem separamus, omniaque
[Fo. 212.] bona mobilia et inmobilia ipsius | mulieris que racione
         ejusdum matrimonii sic clamdestine et de facto contracti
ad dictum Alanum pervenerant cum omni sua causa, et precipue
omnia de dictis bonis per eundem Alanum pendente lite presenti
quod in fraudem factum presumitur alienata et abducta vel eorum
estimacionem coram idoneo judice congrue declarandam ut justum
est, maxime cum idem Alanus bannis non editis matrimonium
ipsum de facto ut supra clamdestine contraxisset, eidem mulieri per
judicem competentem restitui seu remanere debere decrevimus.
Acta ac pronunciata in ecclesia parochiali de Chartham per
magistrum Hugonem de Musele tanquam organum dicti domini
archiepiscopi tunc presentis videlicet die Jovis in crastino festi
apostolorum Philippi et Jacobi anno domini m° cc° nonagesimo
septimo.

─────────

*[May 2nd, 1297. Mandate to the officials of the archdeacons of London and
    Oxford, and the rural deans of Ongar, Henley, Guildford, Elham and
    Shoreham to publish the above judgment and enforce it.]*

Robertus permissione divina et cetera dilectis filiis Londonie et
Oxonie archidiaconorum officialibus, de Angre Londoniensis, de
Henle Lincolniensis, de Gildeford Wyntoniensis, de Elham
Cantuariensis diocesium decanis et decano de Schorham nostre
jurisdiccionis immediate salutem graciam et benediccionem. Quia
nos in causa divorcii in nostro auditorio dudum mota et diucius
agitata inter Avelinam de la Legh' mulierem actricem asserentem in

suo libello se cum Johanne de Pouns ad huc superstite matrimonium
jam est diu legitime contraxisse carnali copula postmodum inter eos
subsecuta, ac eam postea cum Alano dicto Waldeschef matrimonium
contraxisse de facto et tanquam uxor ipsius Alani cohabitasse
diucius cum eodem ex parte una, ipsumque Alanum ex altera,
servatis que in causa eadem requirebantur solempniis ac examinato
processu habito in eadem, visisque ac plenius intellectis ipsius
cause meritis per que constabat dictos Johannem et Avelinam
adinvicem matrimonium ut superius tangitur contraxisse, subsecuta
carnali copula inter eos priusquam eadem Avelina cum prefato
Alano contractum matrimonialem hujusmodi iniisset, quodque
iidem Alanus et Avelina matrimonium adinvicem bannis non
editis set clamdestine sic de facto contraxerant et quod optentu
ipsius contractus illicite sic clamdestine et de facto contracti prefati
Alanus et Avelina per plures annos tanquam vir et uxor in
adulterinis tamen amplexibus cohabitarunt, ad decisionem finalem
cause ejusdem rite ut convenit procedentes, per diffinitivam
sentenciam declaravimus sepedictum contractum inter Alanum et
            Avelinam de facto et clamdestine ut superius tangitur
[Fo. 212ᵛ·] habitum | non tenere ac totaliter cassum et irritum
            nullumque fuisse et esse eosdem Alanum et Avelinam
quatenus de facto ut supra cohabitant, sentencialiter adinvicem
separantes, ac eciam decernentes ut omnia bona mobilia et
immobilia mulieris ejusdem que occasione dicti matrimonii inter
eam et prefatum Alanum sic clamdestine et de facto contracti ad
eundem Alanum pervenerant cum omni sua causa ad mulierem
eandem redeant sibique per judicem competentem restituantur et
remaneant, et precipue cum idem Alanus dictum contractum ut
supra clamdestine inhiens affectasse ignoranciam super hoc videatur,
vobis committimus et mandamus quatinus quilibet vestrum in
jurisdiccione sibi commissa premissa omnia diebus et locis de
quibus nomine dicte Aveline congrue requisitus extiterit aut viderit
oportunum solempniter faciat pupplicari, eundemque Alanum
moneri canonice et per censuram ecclesiasticam quatenus est
cuilibet vestrum possibile coherceri ut a dicta Avelina recedens se
ab eadem in futurum abstineat, dicteque sentencie in singulis pareat
ut superius est expressum, et tam dicto Alano nominatim quam
eciam ceteris quibuscumque in genere quilibet vestrum cum
solempnitate predicta pupplice faciat inhiberi ne quis eorum
quicquam de bonis predictis mobilibus in fraudem dicte condemp-
nacionis seu pronunciacionis amoveat vel occultet seu eciam
amoveri aut occultari procuret sub pena excommunicacionis

majoris quam contravenientes se noverint incursuros.   Nosque
quilibet vestrum de premissis cum de hoc oportune interpellatus
extiterit aut id expedire prospexerit plene certificet per suas
patentes litteras harum seriem continentes.   Hanc vero litteram
ea visa et optenta ipsius copia unusquisque vestrum restituat
petitori et ipsi littere in signum et evidenciam recepcionis ejusdem
suum sigillum apponat.   Datum apud Chartham vi non. Maii
anno domini m° cc° nonagesimo septimo consecracionis nostre
tercio.

---

*[Undated. Judgment by the Archbishop that the tithes of sheep and cows of the
manor of Goudhurst belong to the vicar, and that the prior and convent of
Leeds shall pay up the arrears for eleven years.]*

PRO VICARIO DE GOUTHURST.—In dei nomine Amen.
Auditis et intellectis meritis negocii quod coram nobis ex nostro
officio pro statu vicarie ecclesie de Goutherst ad promocionem Petri
vicarii loci ejusdem contra priorem et conventum monasterii de Ledes
dictam ecclesiam de Goutherst in proprios usus habentes vertitur, super
articulis hiis annexis ac parti eorundem religiosorum judicialiter
expositis et in scriptis traditis ac expressis, quia per probaciones
legitimas in ipso negocio habitas constat dictam vicariam per
Johannem predecessorem dicti Petri ipsius loci vicarium et eundem
Johannem nomine ipsius vicarie fuisse in possessione juris
vel quasi percipiendi decimas de ovibus et vaccis de manerio de
G[o]utherst ipsasque decimas tempore dicti Petri per
[Fo. 213] prefatos | religiosos fuisse subtractas ac per hoc vicariam
eandem possessione vel quasi juris percipiendi decimas
ipsas temere spoliatam, constat eciam dictos religiosos decem et
octo denarios annui redditus pro inveniendo singulis annis in
sepedicta ecclesia de G[o]utherst tres lagenas olei hactenus per-
cepisse et adhuc percipere annuatim, nos Robertus permissione
divina Cantuariensis archiepiscopus tocius Anglie primas vicariam
predictam et ejusdem loci vicarium ipsius vicarie nomine ad
possessionem juris vel quasi et statum percipiendi decimas pre-
vocatas de ovibus et vaccis de manerio de Gutherst restituimus ac
reducimus per decretum, et religiosos predictos seu ipsorum procuratorem nomine eorundem ad solvendum easdem decimas vicarie
prefate et ejus vicario qui erit pro tempore et ad satisfaciendum de
ipsis decimis ut supra subtractis per estimacionem congruam
declarandis, prefato vicario sentencialiter condempnamus, salva
religiosis ipsis prosecucione juris per viam petitorii pro decimis

memoratis quatenus jus eis competit ad easdem ; ipsos eciam
religiosos ad dictas tres lagenas olei annuatim ut supra solvendas
teneri decernimus et eos ad id sentencialiter condempnamus ; quo ad
ceteros vero articulos antedictos quatenus ad presentem instanciam
seu prosecucionem instantem nostri officii pertinet, absolvimus
judicialiter ista vice.   Dictus vero vicarius quo ad decimas suo
tempore per dictos religiosos subtractas et eidem vicarie ut superius
tangitur restitutas, ad dimidiam marcam in anno estimavit, cujus
summa pro undecim annis quibus vicarius extitit ad quinque marcas
et dimidiam se extendit, de quarum tamen decimarum valore
nichilominus inquiratur, quo ad ceteros vero articulos ipsum
vicarium contingentes, idem vicarius nolens expectare judicium
suam vicariam hujusmodi in manibus dicti patris spontanee
resignavit, unde idem pater declaracionem decimarum ut superius
tangitur subtractarum per inquisicionem idoneam detegendam sibi
reservaus ac prefatam resignacionem admittens parti dictorum
religiosorum injunxit ut ad dictam vicariam tanquam vacantem
personam idoneam presentarent.

———

[*May 20th, 1297. Letter from the dean and chapter of Salisbury requesting the
Archbishop to appoint one of three persons named to act as official and exercise
episcopal jurisdiction during the vacancy of the see.*]

DECANUS ET CAPITULUM ECCLESIE SAR' PRESENTANT
OFFICIALEM DOMINO ARCHIEPISCOPO AD EXERCENDUM JURIS-
DICCIONEM IN ILLA DIOCESI DURANTE VACACIONE.[1]—Reverendo
patri in Christo domino R. dei gracia Cantuariensi archiepiscopo
tocius Anglie primati sui in Christo filii decanus et capitulum
ecclesie Sarisbiriensis cum omni subjeccione reverenciam et honorem.
Quia ecclesia nostra Sarisbiriensis per mortem pie memorie Nicholai
nuper episcopi nostri vacat ad presens, cujus transitus hac die sabbati proxima ante festum sancti Dunstani nobis extitit
[Fo. 213ᵛ·] nunciatus, nos die dominica proximo sequente | con-
venientes in capitulo nostro et tractatu habito in communi
discretos viros fratres et concanonicos nostros dilectos magistros
Thomam de Wichampton' Ricardum de Schottewelle et Petrum de
Grunvyle[2] paternitati vestre nominamus per presentes, et cum
instanti devocione supplicamus reverenter quatinus secundum
formam composicionis inter felicis memorie Bonifacium predecessorem vestrum pro se et successoribus suis et nos dudum

---

¹ Hand in margin.   ² Sic MS.

factam et hactenus observatam, unum ex eis quem acceptandum duxeritis nobis . . officialem dare velitis ad excercendam jurisdiccionem episcopalem in civitate et diocesi Sarisbiriensi secundum formam composicionis supradicte donec nobis et ecclesie nostre de patre provisum fuerit et pastore.   Nos vero ad istud negocium prosequendum coram vobis et commissionem vestram destinamus[1] quem si placet benigne expedire dignetur vestre paternitatis mansuetudo. Conservet vos dominus ad honorem ecclesie sue in prosperitate bona per tempora diuturna.   Datum in capitulo nostro Sarisbiriensi xiiij° kal. Junii anno domini m° cc° nonagesimo septimo.

[May 25th, 1297.   Letter to the dean and chapter of Salisbury granting their request, and bidding them send Peter de Gurnvyle to receive his commission as official from the Archbishop.]

CAPITULO SAR' QUOD MITTATUR UNUS PRO OFFICIO OFFICIALITATIS SEDE VACANTE.—Robertus permissione divina et cetera dilectis filiis . . decano et capitulo ecclesie Sarisbiriensis salutem et cetera.   Per vestras litteras nobis nuper transmissas et per dominum Thomam de Staunton' ecclesie vestre predicte ut asseritis subdecanum ad id specialiter destinatum exhibitas nobis intimare curastis quod dicta Sarisbiriensis ecclesia per mortem pie memorie Nicholai nuper episcopi vestri vacante statim cum de ipsius episcopi transitu vobis innotuit in vestro convenientes capitulo discretos viros fratres et concanonicos vestros magistros Thomam de Wichampton' Ricardum de Schottewelle et Petrum de Gurnvyle concorditer nominastis, supplicantes devote ut secundum formam composicionis inter felicis memorie Bonifacium predecessorem nostrum pro se et suis successoribus ac vos dudum factam et hactenus observatam, unum ex eis quem acceptandum duxerimus vobis officialem daremus ad jurisdiccionem episcopalem secundum formam composicionis predicte dicta vacacione durante inibi excercendum.   Nos igitur ipsis litteris ac tenore composicionis prefate diligenter inspectis et de hiis omnibus deliberacione sufficienti prehabita dictum Petrum ad memoratum officialitatis officium acceptamus, volentes ut idem Petrus pro nostra commissione super hoc recipienda et de faciendis ceteris que quo ad id juxta tenorem prefate composicionis incumbunt, ad nos festinanter accedat

quem quo ad hec dante altissimo sine mora curabimus [Fo. 214] prout convenit expedire. | Valete semper in Christo.

Datum apud Chartham viij° kal. Junii anno et cetera nonagesimo septimo.

---

[1] T. de Staunton's name is omitted, *vide infra.*

[*May 29th, 1297. Notification by the Archbishop that the executors of Nicholas, the late Bishop of Salisbury, may sell his goods and pay the expense of the funeral and the wages of the servants out of the proceeds.*]

Pateat universis quod nos Robertus permissione divina et cetera, de nostra gracia speciali concessimus magistro Ricardo de Sottewelle dominis Stephano de Rammesbery Willelmo de Braybrok' canonicis Sarisbiriensibus et Johanni de Hertrugge executoribus in testamento bone memorie Nicholai nuper Sarisbiriensis episcopi coram nobis probato et aperto expressius nominatis ut ad salvacionem bonorum ad dictum testamentum spectancium bona ipsa prout iidem executores prefato defuncto expedire prospexerint, statim vendant, et pecuniam exinde redactam, usque in eventum administracionis bonorum ipsorum exhibito et approbato inventario de eisdem executoribus ante-dictis pleno concesse colligant et conservent impensam tamen funeris dicti defuncti et stipendia famulorum ipsius episcopi non legata protinus solvere poterunt de bonis superius annotatis. Datum apud Chartham iiij° kal. Junii anno et cetera ut supra.

[*June 4th, 1297. Commission to Peter de Gurnvyle, Canon of Salisbury, to act as official for the diocese of Salisbury during the vacancy of the see.*]

CONSTITUCIO OFFICIALIS SAR' SEDE VACANTE.—Robertus permissione divina et cetera dilecto filio magistro Petro de Gurnvyle canonico Sarisbiriensi salutem et cetera. Ad excercen-dum vice et auctoritate nostra ac nostro nomine in civitate et diocesi Sarisbiriensi toto tempore instantis vacacionis ejusdem diocesis per mortem bone memorie Nicholai episcopi loci ejusdem nuper defuncti omnimodam jurisdiccionem episcopalem exceptis dumtaxat quinque monasteriis inferius annotatis videlicet Schire[1] Middelton' Cerne Lacok' et Abbyndone juxta composicionem inter felicis recordacionis Bonifacium quondam Cantuariensem archiepiscopum predecessorem nostrum ex parte una et prefatos decanum et capitulum Sarisbiriense ex altera de premissis dudum initam, et ad recipiendum durante vacacione hujusmodi presen-taciones ad beneficia vacancia diocesis memorate ac eciam instituendum taliter presentatos et destituendum[2] beneficiatos ipsius diocesis qui de jure fuerint destituendi. Insuper ad conferendum beneficia vacancia que quoquo modo per episcopum Sar' jure speciali possunt conferri, examinandam eciam elecciones et personas

---

[1] Sic MS.   [2] destipuendum.

electas prenotate diocesis et elecciones hujusmodi confirmandum
seu eciam infirmandum et ad visitandum religiosos clericos et
laicos ipsius diocesis et correcciones de eisdem legittime faciendum
et omnem jurisdiccionem ac officium racione jurisdiccionis quam
episcopus Sarisbiriensis excerceret sede plena nostro nomine excercendum, salvis decano et capitulo supradictis et personis ibidem in
dignitatibus et officiis constitutis archidiaconis et canonicis
[Fo. 214ᵛ·] loci ejusdem in suis dignitatibus | officiis administracioni-
bus et prebendis personis rebus et familiis eorum tam in
civitate quam prebendis necnon in ecclesiis et parochiis ad
communam spectantibus eisdem libertatibus dignitatibus et
consuetudinibus quas habuerint et excercuerint ordinata sede
predicta et ceteris eis juxta formam composicionis prenotate
salvandis, tibi tenore presencium cum cohercionis canonice potestate
committimus vices nostras, teque damus et constituimus officialem
quo ad omnia que ad officialitatis officium pertinent durante
vacacione hujusmodi in diocesi antedicta, salvis tamen nobis
omnibus et singulis de jure et juxta tenorem composicionis
prenotate salvandis.   Datum apud Chartham ij non. Junii anno
et cetera.

---

*[June 4th, 1297. Mandate to the dean and chapter of Salisbury, and the clergy
and laity of the diocese to obey Peter de Gurnvyle acting as official during the
vacancy.]*

QUOD OMNES TAM CLERICI QUAM SECULARES SAR' DIOCESIS
SINT INTENDENTES ET OBEDIENTES . . OFFICIALI PER ARCHIE-
PISCOPUM IN DICTA DIOCESI SEDE VACANTE CONSTITUTO.—
Robertus permissione divina et cetera dilectis filiis . . decano et
capitulo Sarisbiriensi et omnibus ac singulis clericis et laicis Sarisbiriensis civitatis et diocesis tam religiosis quam secularibus ad
quorum noticiam hec scriptura pervenerit salutem et cetera. Quia
magistro Petro de Gurnvyle canonico Sarisbiriensi nobis per dictos
decanum et capitulum nominato ac per nos ad subscripta legittime
approbato ad excercendum vice nostra et nostro nomine jurisdiccionem episcopalem in civitate et diocesi Sarisbiriensi durante
instante vacacione sedis ejusdem et ad alia in nostra commissione
contenta inibi faciendum vices nostras sub certo tenore commisimus,
ipsumque magistrum Petrum in eadem diocesi dicta vacacione
durante officialem dedimus ac constituimus prout in nostris inde
confectis litteris plenius continetur, vobis omnibus et singulis
injungimus per presentes ut eidem magistro P. quo ad singula

supradicta plenius intendatis et ut convenit obediatis eidem in singulis antedictis. Datum apud Chartham ij non. Junii anno domini et cetera nonagesimo septimo.

———

[*May 30th, 1297. Ordination of the vicarage of Newchurch.*]

ORDINACIO VICARIE ECCLESIE DE NEWECHERCHE.— Memorandum quod cum coram nobis Roberto permissione divina Cantuariensi archiepiscopo tocius Anglie primate ex nostro officio racione visitacionis nostre in decanatu de Lymene inter Johannem de Bertham rectorem ecclesie de Newecherche de decanatu eodem ex parte una et Thomam perpetuum vicarium loci ejusdem ex altera super augmentacione ipsius vicarie diu fuisset processum, nos demum inquisicione de partium predictarum assensu solempniter facta de valore annuo seu estimacione rectorie ac eciam vicarie ecclesie de Newecherche prenotate et de oneribus eidem [Fo. 215.] vicario incumbentibus et hactenus agnitis ab eodem | omnibus juris solempniis que in eodem requirebantur negocio juxta naturam ejusdem oportune servatis finaliter duximus ordinandum ac eciam tenore presencium ordinamus decernimus et diffinimus ut idem vicarius in sue porcionis augmentum quinque acras terre quas a dicto rectore recepit ad firmam quamdiu idem vicarius vixerit, sine aliquo exinde reddendo libere teneat et quiete ; prefatus vero rector suo perpetuo necnon successores ejusdem vivente dicto vicario pensiones ab eodem vicario prius solutas videlicet decem solidos ecclesie de Bilsington' et sexdecim solidos novem denarios et obolum ecclesie sancti Martini juxta Cantuariam annuatim persolvant. Dictus autem vicarius cetera onera que prius sustinuit eciam in futurum sustineat quousque de eadem vicaria per nos aut aliquem de successoribus nostris aliud fuit realiter ordinatum. In hac siquidem ordinacione consideracionem dumtaxat habuimus ut idem vicarius per seipsum sive presbitero socio ecclesie prenotate deserviat et unum clericum competentem ac eciam unum famulum et unum equum sustineat suis sumptibus annuatim. In testimonium vero et futuram memoriam premissorum sigillum nostrum presentibus est appensum. Actum et datum in ecclesia parochiali de Chartham dicto rectore per Adam de Croydon' clericum suum procuratorem a domino Egidio de Audenardo suo procuratore principali legitime substitutum ex parte una dictoque vicario personaliter in judicio comparentibus tercio kal. Junii videlicet sexto die juridico post festum

Ascensionis domini continuato a quarto die juridico precedente anno domini m° cc^mo nonagesimo sexto consecracionis nostre tercio.

———

[*June 16th, 1297. Commission to the Archbishop's commissary to compel those who have omitted their Pentecostal offerings to give full satisfaction.*]

DE PROCESSIONE PENTECOST' ECCLESIE CANT[1].—Robertus permissione divina et cetera magistro Martino commissario nostro Cantuariensi salutem et cetera. Quia quamplures nostre diocesis nostram Cantuariensem ecclesiam matrem suam cujus parochiani existunt juxta juris exigenciam et laudabilem ipsius ecclesie consuetudinem ab antiquo legittime introductam et diucius observatam die martis in ebdomada Pentecostis in pupplica processione ipsius ecclesie personaliter et cum oblacionibus congruis in signum subjeccionis ut convenit visitare ut dicitur minime curaverunt, quorum aliqui pro sua ut asseritur excusacione pretendunt se id hactenus non fecisse, licet ipsa subjeccio et per consequens indicium subjeccionis ejusdem prescribi non [Fo. 215^v.] possit a subditis nec eciam | subtrahi, quamquam aliquamdiu per pacienciam et desidiam ministrorum ecclesie id forsan fuerit sub connivencia tolleratum, tibi committimus et districte precipimus ac firmiter injungendo mandamus quatinus de nominibus ipsorum subtrahencium protinus inquisito ipsos canonice moneas et[2] per quamcumque ecclesiasticam censuram coherceas ut sine more dispendio plene satisfaciant de premissis et contra rebelles si qui fuerint censuram hujusmodi studeas aggravare. Nosque de hiis oportune certifices cum congrue fueris requisitus. Datum apud Chartham xvi kal. Julii anno et cetera.

———

June 29th, 1297. Mandate to the official of the Bishop of Coventry and Lichfield to see that the Archbishop's ordination of the vicarage of Tutbury is observed, and to compel the prior and convent of Tutbury to pay arrears to the vicar.]

TUTTEBURY.—Robertus permissione divina et cetera dilecto filio . . officiali domini . . Coventrensis et Lichfeldensis episcopi ipsiusque in absencia sua vicario salutem et cetera. Dudum vobis mandasse nostrasque vices super hoc commisisse meminimus ut ordinacionem nostram in ultima vacacione sedis memorate diocesis de vicaria perpetua ecclesie de Tuttebery quam . .

---

[1] In 17th century hand.　　　　　　　　　[2] Omitted in MS.

prior et conventus loci ejusdem in usus proprios habere
dicuntur, in presencia partium editam observari in omnibus et
singula contra ordinacionem eandem commissa omissis dilacionum
ambagibus corrigi faceretis, contradictores et rebelles per censuram ecclesiasticam compescendo, et ut nos inde certificuaretis
citra diem dominicam proximam quadragesime jam transacte.
Set ut vicarius ecclesie prenotate nobis exposuit memorati religiosi
quos ordinacio supradicta non latuit contra ordinacionem eandem
scienter ac temere venientes oblaciones mortuaria ceterasque
obvenciones ad dictam vicariam juxta hujusmodi ordinacionem
spectancia et spectantes temere occupant et impediunt seu impediri
procurant quominus ordinacioni hujusmodi pareatur, per quod
iidem religiosi si sit ita in majoris excommunicacionis sentenciam
contra violatores ordinacionis hujusmodi per nos latam dampnabiliter inciderunt, et diebus singulis incidunt ipso facto, suamque
in premissis injuriam sustinere ac continuare conantes dictum
vicarium super hiis coram vobis per solempnitates processuum jam
in tantum fatigare presumpserant quod idem vicarius tam labore
quam sumptibus exinanitus a juris sui prosecucione desistere
cogitur et ex toto deserere curam suam.   Nolentes igitur factum
nostrum tam salubriter institutum cujus ad nos spectat defensio
machinosis ambagibus irritari, vobis in virtute obediencie firmiter
injungendo mandamus quatinus omissis jurgiorum solempniis ac
          penitus amputatis ordinacionem premissam, cujus tran-
[Fo. 216.] scriptum habere dicimini, | faciatis in omnibus observari,
          et de singulis contra ordinacionem eandem commissis
veritatem celeriter inquirentes corrigenda corrigi, et delinquentes
absque personarum acceptacione puniri, penam eis tam pro nostre
jurisdiccionis contemptu quam eciam pro interesse seu dispendio
sepedicti vicarii canonicam infligendo, eosdem eciam religiosos ut
dicto vicario de una marca pro arreragiis sui corrodii quod ab eis
solebat percipere juxta nostrum decretum super hoc dudum inter-
positum satisfaciant protinus compellatis.   Hec omnia tam
diligenter et efficaciter exequentes ut ad nos adhuc de eodem
sepius iterata querela non redeat, nec ob vestri defectum manus ad
id quod si res exigit omittere non proponimus gravius extendamus;
quod autem vos de nostro mandato priori de quo superius tangitur
non certificastis ad diem vobis parcimus ista vice.   De die vero
recepcionis presencium et modo ac forma execucionis omnium
premissorum, nos citra festum Assumpcionis beate virginis cum
vos super hoc oportune requiri contigerit sumptibus dicti vicarii
certificetis per vestras patentes litteras harum seriem continentes.

Datum apud Orpington iij kal. Julii anno domini m° cc^{mo} et cetera consecracionis et cetera.

———

[*January 31st, 1297. Letter to a Cardinal from the Archbishops and Bishops of France asking Pope Boniface VIII to allow them to give a subsidy to the King of France.*]

LITTERA PRELATORUM FRANCIE PRO LICENCIA HABENDA AD DANDUM SUBSIDIUM REGI FRANCIE—Reverendo in Christo patri et cetera. Devoti sui permissione divina Remensis Senonenis Narbonensis Rothomagensis Belvacensis Laudunensis Cathalanensis Lingonensis Aniciensis Ambianensis Tornacensis Morinensis Silvanectensis Parisiensis Autisiodorensis Trecensis Carnotensis Nivernensis[1] Ambrincensis Ebroicensis Sagiensis Lexoviensis Constanciensis Dolensis et Cenomanensis ecclesiarum ministri cum humili sui recommendacione felices ad vota successus. Sanctam Romanam ecclesiam fundatam firmiter supra petram altissimus sic erexit ut in ea mirabilem constitueret vos columpnam virtutibus eminentem, que cunctis ecclesiis ne concusse cujusquam adversitatis impetu in precipicii casum ruant oportuno provideat adjutorii fulcimento. Sane plenam vos credimus habere noticiam que et qualis ecclesie gallicane ac toti regno fuerit hucusque condicio, et qualiter ad ipsius regni inpugnacionem dispendium et gravamen hostilis iniquitas diversis partibus excercuerit[2] usque adhuc sue malignitatis impulsus ; nunc autem ubi spes inerat quod ministerio domini nostri summi pontificis per dominos cardinales ad has partes destinatos ab eo qui ad hec laboribus indefessis totis studiis totisque conatibus institerunt guerra silere deberet, adversa protervia solito durius infremit et nequioris turbo procdolor [Fo. 216^{v}.] tempestatis irrumpit. Dum enim diebus istis ¦ Parisius pro certis ecclesiarum nostre sollicitudini commissarum negociis Regalem presenciam adiissemus, ecce nobis omnibus fere presentibus Flandrensis comitis ad eundem dominum nostrum regem nuncii venerunt et littere nunciantes quod comes ipse ab omni vinculo quo dicioni regie obligatus fuerat vel subjectus auctoritate propria se absolvens pro absoluto et libero se tenebat ; et sicut crebris rumoribus quos et fidedignorum confirmat assercio supervenit, idem comes qui preter fidelitatis debitum quo prefato domino regi tenebatur astrictus in presenti guerra fideliter sibi servire juraverat, cum nunciis Alemannie et Anglie regnorum dum

---

¹ MS. Numerenensis.　　　　² excercuerint MS.

ad prosecucionem tractatus pacis quem pro ecclesie Romane reverencia predictus dominus noster rex benignius admittebat venire se fingerent, machinacionibus prelocutis et confederacionibus initis ad recolligendum in terra sua, que in regni limitibus et quasi in faucibus hostium constituta dinoscitur, inimicos qui sanguinem nostrum unanimiter sciciunt et ad depopulacionem et finale excidium ecclesiarum et regni totis conatibus molliuntur, et ad nocendum eciam si valeat per seipsum, diversos facit bellicos apparatus; propter que rex ipse suique principes et barones qui tunc ibidem presentes aderant nos et alias regni ecclesiasticas personas constantes requisierunt instanter ut sibi circa defensionem tam necessariam et communem nos et tota ipsius regni ecclesia assisteremus auxiliis oportunis. Nos itaque in hujusmodi freto tempestatis expositi advertentes nobis non solum ecclesiarum et rerum verum eciam personarum sic in januis instare pericula, immo quasi jam vibrari super capita propria gladios denudatos, vias exquirere cogimur atque modos quibus nobis adversus frementes insultus regali providencia sine qua impossibile est negocia dirigi defensionis oportune remedia preparentur. Et licet constitucionis quam dominus noster pro ecclesiastica nuper edidit libertate non fuerit, sicut a pluribus fertur, intencio circa tam juste defensionis nostre presidium, presertim in tam arte necessitatis articulo ubi timor inprovisus subitus et communis intervenit, inhibere quominus nos ceterique prelati et persone ecclesiastice et regni ejusdem dicto domino nostro regi pro hujusmodi communis defensionis suffragio in qua proprium versatur interesse cujuslibet juxta nostrarum modulum facultatum oportunam subvencionem, sicut et divina et humana permittere jura videntur, impendere debeamus precipue cum ecclesia gallicana temporalium dicti regni non modicam partem obtineat que miserabili ruine exponitur nisi defensionis valide presidio salubriter occurratur, ad tollen-
[Fo. 217.] dum tamen omnis hesitacionis | scrupulum cupientes de intencione et beneplacito memorati domini nostri effici cerciores, sibi duximus humiliter supplicandum ut de sua benigni-tate procedat quod nos et tota ecclesia dicti regni absque trans-gressione constitucionis ejusdem et sue indignacionis offensa ipsi domino regi pro tam juste tam utilis tam necessarie nostre defen-sionis subsidio subvencionem congruam prout nobis et ceteris regni prelatis videbitur facere valeamus, nobisque super hiis apostolicis litteris suam insinuet voluntatem. Quapropter paternitati vestre votis humilibus supplicamus quatinus apud eundem dominum nostrum velitis efficaciter interponere partes vestras ut votis nostris

et supplicacionibus non minus celeriter quam misericorditer con-
descendat, nosque habeat vestra benignitas excusatos quod tales
cursores et simplices nuncios ad vestram et dicti domini presenciam
destinare presumpsimus, cum notabiles persone ecclesiastice ita
celeriter sicut tante exegit necessitatis instancia accedere vel redire
non possent. Cum eciam verisimilacione terreamur ne cursores
quamcumque celeres et experti competenti tempore valeant
rediisse, moveant vos pie pater ad compassionis effectum circa
tantas et tam iniquas et injustas molestias pressuras et angustias
ecclesiarum et regni zelus justicie paterne pietatis officium et
antique devocionis ac reverencie specialis affectus quem ad sanctam
Romanam ecclesiam reges Francie et regnicole semper hactenus
habuerunt, qui in prefato domino nostro rege sic ferventer effervet ut
contra predicte[1] constitucionis edictum quantumcumque quorundam
suasionibus stimulatus nichil omnino permiserit hactenus attemp-
tari, licet frequenter ejus auribus inculcetur quod inclitus Anglie
rex et multi principes nostri regis emuli prefatam constitucionem
in aliquo non observant. Credimus etenim firmiter quod alii
prelati personeque majores ecclesiastice dicti regni si fuissent
Parisius nunc presentes super premissis vestre dominacioni nobiscum devocione simili supplicassent, set ipsos propter hoc congregari
vel ad eos mitti more periculum non permisit. Clementissime pater
predicta pericula ad hujusmodi acceleracionem negocii vos inducant
et specialiter metus probabilis quem timemus quod regni laicos
urgebit necessitas et utinam aliquos voluntas non incitet ecclesiarum
regni bona diripere nisi cum ipsis defensioni regni dicti communiter
insistamus in personis prout cum licitum fuerit et in ecclesiarum
facultatibus defensionis ejusdem onera subeundo. Feliciter in
domino valeatis. Datum Paris' pridie kal. Februarii. Et sigillis
Remensis Senonensis Narbonensis et Rothomagensis archiepis-
coporum pro nobis omnibus sigillatis.

————

*[February 28th, 1297. Letter from Boniface VIII to the Archbishops and Bishops
of France granting them permission to give a subsidy of their own free will
to the King of France for one year, and instructing them to inform him of
the details.][2]*

[Fo. 217ᵛ·]

RESPONSIO PAPE AD LITTERAM SUPRADICTAM.—Bonifacius
et cetera venerabilibus fratribus Remensi et cetera salutem et

---

[1] MS. precator.   [2] cf. Raynaldus, *Annales Ecclesiastici*, xxiii, pp. 235, 236.

apostolicam benediccionem. Coram illo fatemur qui scrutator est cordium et cognitor secretorum quod, licet tocius Christiane religionis cura et universalis tutela ecclesie mentis nostre archana sollicitent, nostrosque occupent cogitatus, inclitum tamen regem Francie ac ejus Christianissimum principem ecclesias et ecclesiasticas personas incolasque catholicos, quos ab ipso nostro primordio juventutis, si veri nobis testimonii non negetur auxilium, quadam speciali cura patenti nos affeccione constrinximus, eorumque continenciam status tam prosperi quam adversi tanto fervencius atque efficacius nostra complectuntur intrinseca, incitant studia, et corporeos ac mentales distrahunt turbant et placant sensus prout rerum et temporum qualitate suggeritur, quanto ex hiis et in eis Romana mater ecclesia plusquam in ceteris devocionis et reverencie adinvenire plenitudinem consuevit nostris carius et frequencius sine ulla intermissione quasi temporaneis obtutibus presentantur. Quapropter si eadem regnum ecclesias personas et incolas prout moderni temporis experiencia docuit et importune nobis vestrarum reseravit in unum conveniens scribendi comentum series litterarum, adversi contingat condicio temporis, exteriores inquietaverint et perturbant inpulsus ac eciam intestini discriminis quod e[s]t dolendum gravius subversionem eorum comminetur eversio, illo jam mittente illic incitamenta discidii, comite Flandrie videlicet qui exterioribus perturbacionibus sperabatur adesse repagulum, et ipsi regno ac ecclesiasticis personis et incolis velud de principalioribus membris unum magnum auxilii fulcimentum, nostra ex hoc amaritantur intrinseca, gravius doloris concussione torquentur et in amara suspiria commovemur, regi regno ecclesiis clero compacientes et populo affeccione paterna. O divina clemencia que celestia pariter et terrena irrefragabiliter sub tua potestate concludis, constringe tantarum fremitus tempestatum, coherce habenas humani generis inimici, eradicare sata ejus semina jube, que totum fere populum tuum spinis et tribulis concusserunt ! O pietatis auctor et salutis amator compatere humane fragilitati misericors et Christicolarum tuorum illumina sensus, dirige actus et opera in viam salutis et pacis ut reducantur a devio ne irrefragabili subversione confracti in hujus mundi navicula naufragent fluctuante ! Super eo autem [Fo. 218.] quod vos gravia vobis et universis ecclesiis et personis | ecclesiasticis dicti regni non solum rerum sed eciam personarum ex hiis instare pericula formidando, vias exquirentes et modos quibus vobis et eisdem ecclesiasticis personis adversus frementes insultus regalis providencie (*sic*) sine qua inpossibile tenetis negocia dirigi defensionis, oportuna remedia preparentur,

nobis per easdem litteras supplicastis ut carissimo filio nostro P. regi Francorum illustri pro hujusmodi communis defensionis auxilio, in qua proprium versatur interesse cujuslibet, impendendi subvencionem congruam absque transgressione constitucionis nostre super hoc edite vobis et universis ecclesiis dicti regni licenciam concedere dignaremur, vestram providenciam commendamus. Licet enim constitucionem illam ediderimus pro ecclesiastica libertate, non tamen fuit nostre mentis intencio ipsi regi aliis ve principibus secularibus in tam arte necessitatis articulo, precipue ubi ab extrinsecis injusta timetur invasio et ab intrinsecis ejusdem regni subversio formidatur, ac eciam prelatorum ecclesiarum et personarum ecclesiasticarum evidens periculum iminet, viam subvencionis excludi, quominus ipsi prelati ecclesie et ecclesiastice persone libero arbitrio ac sponte de nostra licencia pro communis defensionis auxilio, in quo proprium interesse cujuslibet conspicitur, principibus ac sibi ipsis provideant juxta suarum modulum facultatum. Et sicut alias dicto regi et nonnullis regni sui aliis tam litteratorie quam per nuncios expressisse meminimus, si, quod deus avertat, ipsum in necessitate tam gravi vel tam importabili conspiceremus expositum quod exterioribus egere subsidiis nosceretur, non solum de bonis ecclesiasticis dicti regni sui sibi ea prestare vellemus quin immo res possessiones ac bona et personam nostram eciam exponeremus pro suorum conservacione jurium, ejusque necessitatibus sublevandis in quantum secundum deum noster et ipsius honor ecclesie pateretur. Vestris itaque in hac vice supplicacionibus annuentes presencium auctoritate concedimus, ut si casus communis et evidens necessitas emineat ut scripsistis, ac idem rex vestram et aliorum prelatorum ecclesiarum et personarum ac bonorum ecclesiasticorum sicut et ceterarum personarum locorum et bonorum dicti sui regni voluerit defensionem assumere et assumat et efficaciter prosequatur, et[1] id[1] expedire videretis, liceat vobis et eisdem prelatis et personis ecclesiasticis absque metu constitucionis nostre predicte ipsi regi pro hujusmodi vestre ac ipsorum regis regni intrinsece defensionis subsidio con-
[Fo. 218ᵛ.] gruam subvencionem prout vobis et ceteris prelatis regni | prefati seu majori parti vestrum et ipsorum videbitur voluntariam liberalem ac liberam non coactam absque omni concussione exaccione[2] ac execucione temporali vel laicali exigenda, hac vice prefata nostra freti licencia impertiri, eamque similiter regi recipere liceat memorato. Volumus autem quod si sub-

---

[1] Omitted in MS.   [2] Above the ' a ' in the same hand 'aliter co '.

vencionem hujusmodi prestari contingat, formam et modum
quantitatem et eciam quicquam super hoc factum extiterit, nobis
per vestras litteras seriosius intimare curetis ut quam discrete vel
indiscrete moderate vel immoderate premissa processerint, et si
accepcionem vel moderacionem exegerint clarius videamus.   Scire
quoque vos voluerimus nostre intencionis existere quod sine
iterata licencia nostra hujusmodi subvencio annualem terminum
non excedat.   Datum Rome apud sanctum Petrum ij kal. Marcii
pontificatus nostri anno tercio.

[*July 16th, 1297.   Mandate to the Bishop of London to summon the bishops of
the province of Canterbury to a meeting of Convocation at the New Temple
on August 10th, and to command the bishops to summon representatives of
all clergy of their dioceses.*]

CITACIO PRO CONVOCACIONE EPISCOPORUM APUD NOVUM
TEMPLUM LONDON'.—Robertus permissione divina et cetera venerabili fratri domino R. dei gracia Londoniensi episcopo salutem et
cetera.   Articulis arduis videlicet de magnis cartis libertatum et
foreste salubriter innovandis et de juribus ac libertatibus ecclesie
Anglicane que hactenus deciderunt, et adhuc continue decidunt in
abusum recuperandis a principe, de quibus ecclesie atque clero
magna proveniret utilitas et tranquillitas personarum, necnon
transitu et abcessu magnam celeritatem et consilium grande deside-
rant, ex quorum eciam dilacione horrenda timetur communitatis ac
regni turbacio, nos et quosdam nostros coepiscopos cum quibus inde
tractavimus et quorum consilio quo ad id solidamur excitant et
violenter impellunt ut provincie nostre Cantuariensis episcopos
atque clerum ex hiis causis protinus convocemus.   Quocirca
fraternitati vestre committimus et mandamus quatinus sine mora
prefatos episcopos et totum clerum per locorum diocesanos faciatis in
diocesibus singulis peremptorie convocando citari, videlicet ut iidem
episcopi et ecclesiarum cathedralium presidentes, decani scilicet
secularium et religiosorum priores, necnon diocesium singularum
abbates et priores electivi plenum conventum habentes non exempti
personaliter et pro singulis capitulis aut conventibus eorundem
unus, pro clero quoque cujusque diocesis duo procuratores sufficientes compareant apud Novum Templum Londonie die sancti
Laurencii martiris una cum diebus sequentibus usque ad finalem
expedicionem tractatus hujusmodi continuandis ac eciam prorogan-
dis, quem terminum sic ex causis prenotatis artamus, nobiscum et
cum ceteris sic vocatis de premissis prudenter et efficaciter tractaturi,
suumque ad ea que sanius providebuntur ibidem pro se ipsis et aliis

quorum nomine sic mittentur plenum et sufficientem adhibituri
consensum et unanimiter provisuri quo ordine atque modo quibusque
locis et tempore necnon et per quas personas sic provisa fuerint
exequenda ; vos eciam premunimus et ceteros sic citandos pre-
muniri mandamus quod absentes in citacione predicta nisi evidens et
inevitabile impedimentum per probaciones certas superesse
[Fo. 219.] docuerint, tanquam inobedientes | et offensores notorios
graviter puniemus, vos eciam ad hoc idem citamus vestros-
que subditos citari precipimus in forma superius annotata. Rogetis
insuper et per nostros coepiscopos in suis diocesibus vice nostra
rogari mandetis religiosos exemptos vestre et suarum diocesum ut
dictis diebus et loco compareant tractaturi et facturi ut supra quod
fuerit oportunum. De die vero recepcionis presencium et quid
inde feceritis, nos dictis die sancti Laurencii et loco certificetis idonee
per vestras patentes litteras harum seriem continentes. Et ceteris
coepiscopis antedictis ut nos similiter ipsis die et loco singuli
sigillatim nos de suo facto certificent injungatis. Valete semper in
Christo. Datum apud Waleworth juxta Londoniam xvij° kal.
Augusti anno domini et cetera.

---

*[July 19th, 1297. Letter from the Archbishop and other bishops to the Earl
Marshal and other barons inviting them to a meeting near London to
negotiate peace between them and the King.]*

Robertus et cetera tocius Anglie primas, D. Dunelmensis,
O. Lincolniensis, R. Londoniensis, W. Elyensis, R. Norwycensis et
W. Bathonensis et Wellensis episcopi ac W. Dublinensis electus
dilectis filiis virisque nobilibus et discretis domino comiti marescallo
ac vestre provide comitive baronibus salutem graciam et benediccionem. Habito nuper inter cetera cum domino rege de vobis et
contingentibus statum vestrum affectuoso tractatu, placuit domino
regi quod de habendo vobiscum colloquio de quo tetigimus quod
inde nobis videretur expediens faceremus. Zelum igitur et viscera-
lem affectum ad vos et statum vestrum tociusque regni et incolarum
ejusdem ac ecclesie Anglicane ad quorum profectum ut credimus
laboratis securitatem et pacem ac commodum et honorem habentes,
et precipue ut exclusis periculis que ex discordia vestra contingerent
singula inter dominum regem et vos ad bonam et efficacem con-
cordiam dante altissimo cujus ad id speramus presidium pro nostris
viribus deducamus, concordi consideracione consulimus et rogamus
quatinus modis omnibus sine mora apud Waltham vel Berkyng'
aut Stratford seu alium locum juxta Londoniam quem reputatis

idoneum redeuntes, nobis diem et locum quibus ad vos possimus
accedere et vobiscum super hiis cum effectu tractare, per latorem
presencium intimetis. Valete semper in gaudio et honore. Et nos
dictus archiepiscopus ad predictorum episcoporum et electi rogatum
sigillum nostrum presentibus duximus apponendum. Datum apud
Westmonasterium xiiij^{mo} kal. Augusti anno domini M^o. cc^{mo}.
nonagesimo septimo.

---

*[July 22nd, 1297. Letter from the Archbishop and other bishops to the Earl
Marshal and the Earl of Hereford and other barons urging them to come to
terms with the King before the following Sunday.]*

Robertus permissione divina et cetera, R. Londoniensis,
O. Lincolniensis, R. Norwycensis, W. Elyensis, W. Bathonensis et
Wellensis, J. Landavensis episcopi et W. Dublinensis electus dilectis
filiis et viris nobilibus et discretis dominis R. marescallo, H.
Herefordensi comitibus ac baronibus de vestra nobili comitiva
salutem et cetera. Intimato domino regi hac die Lune
[Fo. 219^v.] per nos vestro responso litte|ratorie destinato satis eum
judicio nostro placabilem vidimus et benignum, et in fine
consencientem ut ita vobiscum de negocio inchoato tractemus, quod
idem negocium citra instantem diem dominicum[1] vel ipso die
dominico decidatur; ultra quem diem nisi negocium ipsum finem
tunc habeat, quilibet faciat suum melius et suo judicio relinquatur.
Dominus vero rex coram nobis omnibus veraciter et constanter ut
nobis videbatur promiserat quod nichil mali aut periculi interim
vobis aut vestris de quocumque facto a die quo vobis prius scripsimus usque modo vel imposterum usque dictum diem dominicum
auctoritate regia quocumque modo proviso seu eciam providendo
eveniet, eciam si vos ipsi in ejusdem regis presencia sisteretis.
Et quia dominus rex hac die Mercurii se removere proponit, et ad
negocium totaliter expediendum tempus ultra dictum diem dominicum non habemus, multum expedit ut vos de premissis et quid de
eis intenditis facere tanquam viri providi et discreti cum omni
celeritate tractantes, nobis tam cito vestrum intimetis propositum,
ut infra terminum prenotatum id possimus domino regi referre, et
de hiis expedicionem idoneam procurare. In vestro quoque tractatu
prudenter advertite quanta pericula ex presenti discordia si duraret
toti regno a suis ministris circumdato vobisque et vestris per con-
sequens evenirent. Nos quoque archiepiscopus antedictus ad
dictorum episcoporum et electi rogatum absente Dunelmensi

---

[1] Sic MS.

episcopo qui prius vobis nobiscum scripserat, sigillum nostrum privatum presentibus duximus apponendum. Valete semper in Christo cum gaudio et honore. Datum apud Westmonasterium xj° kal. Augusti anno et cetera.

[*July 23rd, 1297. Letter to the same urging them to meet him and the other bishops at Waltham on the following Friday.*]

Dominis marescallo et Herefordensi comitibus ac de vestra comitiva baronibus salutem benediccionem et graciam salvatoris. Visa littera vestra hac die Martis mane nobis exhibita in qua continetur quod ista die Veneris horis vesperarum eritis apud Waltham, ubi petitis ut ad vos tunc veniamus die sabbati incepturi tractatum, bene novimus quod tempore date illius littere ultimam nostram litteram non vidistis in qua scribimus ut de nostro tractatu mutuo modis omnibus festinetis; unde quia ut nuper vobis scripsimus non habemus a domino rege tempus ultra diem dominicam vel ipsa dies dominica ad totaliter expediendum negocium, et nimia esset dilacio usque ad diem sabbati expectare, modis omnibus consulendo rogamus quatinus tempus vestri adventus sic abrevietis ut die Veneris quamcito poteritis possimus in ecclesia de Waltham nostrum inchoare tractatum, et de hoc statim nobis remittere velle vestrum; scientes quod omnes episcopi premuniuntur ut dictis die Veneris et loco conveniant tempestive. Valete et cetera. Datum apud Westmonasterium x° kal. Augusti anno et cetera.

[*August 4th, 1297. Confirmation by the Archbishop of the election of Simon de Gandavo to the see of Salisbury.*]

Robertus et cetera dilecto filio magistro Symoni de Gan-
[Fo. 220.] davo nuper in episcopum Sar' electo salutem et cetera. |
Quia dictam eleccionem nobis canonice presentatam receptis probacionibus super ea et servatis que in hac parte requirebantur solempniis tanquam et canonice ac de persona idonea factam auctoritate metropolitica duximus confirmandam, ipsius episcopatus curam et regimen una cum plenitudine juris episcopalis ejusdem diocesis ad te tanquam electum taliter confirmatum exnunc pertinere debere, et quod eam libere excercere jure diocesano decetero valeas tenore presencium declaramus, eaque quatenus ad nos attinet, tibi concedimus per presentes. Datum Cantuarie ij non. Augusti anno et cetera.

[*August 4th, 1297. Mandate to the dean and chapter of Salisbury to obey Simon de Gandavo, the Bishop elect of Salisbury.*]

Robertus et cetera dilectis filiis decano et capitulo ecclesie Sar' salutem et cetera. Quia eleccionem per vos nuper de magistro Simone de Gandavo vestro concanonico et confratre in futurum episcopum ipsius ecclesie celebratam nobisque per vestrum procuratorem una cum persona electi hujusmodi presentatam receptis probacionibus de ejusdem eleccionis processu et servatis que in hac parte requirebantur solempniis tanquam rite et legitime ac de persona idonea factam auctoritate metropolitica duximus confirmandam; vobis injungimus et mandamus quatinus in omnibus et singulis ad jus episcopale diocesis supradicte spectantibus eidem electo suisque officialibus et ministris decetero intendatis et obediatis ut convenit reverenter. Datum ut supra.

[*August 4th, 1297. Mandate to all the clergy of the diocese of Salisbury to obey Simon de Gandavo, the Bishop elect.*]

Robertus et cetera dilectis filiis archidiaconis decanis abbatibus prioribus ecclesiarumque rectoribus et vicariis presbiteris clericis ac ceteris omnibus Sar' diocesis eidem ecclesie Sar' jure diocesano subjectis salutem et cetera. Quia eleccionem nuper in Sar' ecclesia de magistro Simone de Gandavo canonico Sar' in futurum episcopum ipsius ecclesie celebratam nobisque canonice presentatam servatis que in ipso negocio requirebantur solempniis canonice duximus confirmandam, vobis injungimus et mandamus quatinus in omnibus et cetera ut supra in littera precedente.

[*August 4th, 1297. Letter to the King informing him that the Archbishop has confirmed the election of Simon de Gandavo and granted him the spiritual administration of the diocese of Salisbury, and requesting the King to grant him the temporalities.*]

Excellentissimo principi domino Edwardo dei gracia regi Anglie et cetera. Quia eleccionem nuper in Sar' ecclesia de magistro Simone de Gandavo canonico loci ejusdem in ipsius ecclesie futurum episcopum celebratam cui assensum regium prebuistis tanquam rite et legitime ac de persona idonea factam confirmavimus, eidemque electo administracionem spiritualium diocesis supradicte concessimus justicia exigente, excellencie regie supplicamus quatinus de possessionibus et ceteris juribus temporalibus ad episcopatum Sar' spectantibus quatenus ad jus regium pertinet, eidem electo favorem benivolum exhibere dignetur regia celsitudo. Valeat et crescat semper in gaudio majestas regia reverenda. Datum Cantuarie ij non. Augusti anno et cetera.

———

[*August 13th, 1297. Request to the King to give a gracious reception to the Bishops of Exeter and Rochester who have been sent to bring him the answer of Convocation.*]

Excellentissimo principi domino Edwardo et cetera. Cum [Fo. 220ᵛ.] nuper in nostra congregacione prelatorum | et cleri Cantuariensis provincie Londonie celebrata fuisset et sit in fine tractatus convocacionis ejusdem per nos nostrosque coepiscopos videlicet Londoniensem, Lincolniensem, Norwycensem, Elyensem, Bathonensem, Assavensem et Landavensem ceterosque prelatos ibidem presentes ac eciam per procuratores episcoporum absencium et communitatis cleri predicti concorditer ordinatum, ut venerabiles fratres et coepiscopi nostri domini Thomas Exoniensis et Thomas Roffensis episcopi latores presencium ad vos specialiter mitterentur pro referendo vobis dictorum prelatorum et cleri responso ac voto supplicacionum que in congregacione predicta unanimiter ordinabantur; excellencie regie tam nostro quam coepiscoporum nostrorum dictorumque prelatorum et cleri nomine humiliter supplicamus quatinus memoratis Exoniensi et Roffensi episcopis in hiis que dominacioni vestre vive vocis oraculo aut per scripturam si id pocius vobis placuerit referent de premissis, pronum ac benivolum pie benignitatis auditum fidemque credulam adhibere dignetur regia celsitudo, et ad humiliter postulandum per eosdem Exoniensem et Roffensem episcopos pie compassionis animum ad honorem dei sueque ecclesie ac regni vestri tranquillitatem et commodum misericorditer inclinare. Valeat et crescat semper in gaudio regia celsitudo. Datum Londonie id. Augusti anno domini et cetera.

———

[*August 19th, 1297. Commission to the chancellor of Lichfield and the archdeacon of Chester to see that the Archbishop's ordination of the vicarage of Tutbury be observed.*]

COMMISSIO EXECUCIONIS SUPER ORDINACIONE VICARIE DE TUTTEBYR'.—Robertus permissione divina et cetera dilectis filiis magistris Luce de Ely cancellario et Roberto de Radeswelle archidiacono Cestr' in ecclesia Lichfeldensi salutem et cetera. Quia de articulis ordinacionis quam nuper vacante Coventrensi et Lichfeldensi diocesi auctoritate metropolitica de vicaria ecclesie de Tuttebery servatis que requirebantur solempniis fecimus inter ..

priorem et conventum Tutteber' ecclesiam ipsam ut dicitur in
proprios usus habentes dictumque vicarium ut didicimus contenciones
sepius oriuntur ut parcium earundem quo ad id parcatur laboribus
et expensis, vobis et utrique vestrum divisim cum cohercionis
canonice potestate committimus et mandamus quatinus ordinacionem
eandem cum vobis aut alteri vestrum ostensa fuerit et ad vos seu
alterum vestrum super hoc recursum haberi contigerit, faciatis seu
faciat unus vestrum sine strepitu judiciali et dilacionum ambagibus
firmiter observari, et de preteritis corrigi que fuerint corrigenda,
contradictores et rebelles per censuram ecclesiasticam compescendo.
Et nos super hiis cum congrue requisiti fueritis oportuno tempore
certificetis vel certificet unus vestrum. Datum apud Croydon' xiiij°
kal. Septembris anno domini Mº. ccᵐᵒ. et cetera consecracionis
nostre tercio.

[*August 19th, 1297. Mandate to the Provost of Wingham to give back the
carts, horses, and tithes belonging to the canons.*]

PREPOSITO DE WYNGEHAM SUPER LIBERACIONE CARECTARUM
CANONICORUM EJUSDEM LOCI.—Robertus permissione divina et
cetera dilecto filio Petro de Gildeford preposito ecclesie prebendalis
de Wengham salutem et cetera. Ex parte dilectorum filiorum canonicorum dicte ecclesie de Wengham gravis ad nos querela pervenit
quod tu contra libertates et liberas consuetudines ecclesie
[Fo. 221.] carectas ipsorum | canonicorum presenti autumpno decimas
colligentes et eisdem decimis oneratas per campos tuos
sicut consuevit fieri transeuntes in tue salutis dispendium violenter
cepisti, et in manerium tuum de Overlond in parochia ecclesie de
Assche ad communitatem dictorum canonicorum spectantis sic
captas temeritate propria notorie adduxisti, et easdem cum decimis
predictis et equis nimis voluntarie detinuisti et adhuc detines,
easque prefatis canonicis restituere pertinaciter contradicis. Cum
igitur libertatum et liberarum consuetudinum ecclesie turbatores
sentencia majoris excommunicacionis innodati existant ac hujusmodi
facti qualitas notoriam esse ostendat injuriam prenotatam aliis non
minimum perniciosam exemplo, tibi in virtute obediencie firmiter
injungimus et mandamus quatinus si est ita predictas carrectas cum
decimis et equis infra unius diei spacium a tempore recepcionis
presencium, quem terminum tantum propter iminens ipsius rei periculum tantum propter cotidianum dictorum canonicorum dispendium,
quibus celeriter occurrere oportet, sic tibi congrue moderamur eisdem
canonicis plene et integre restituas, et de dampnis que hac occasione

incurrisse noscuntur, satisfacias competenter, sub pena excommunicacionis majoris quam in personam tuam proferimus in hiis scriptis
nisi omni excusacione frivola postposita feceris quod mandamus.
Et licet per presens speciale mandatum nostrum ut proprium
excessum honestius per te corrigas quam plurimum deferamus,
cum dilecto filio . . commissario nostro Cantuariensi litteras
nostras direximus ad te monendum super hiis et inducendum
dictamque excommunicacionis sentenciam in eventum tue pertinacie
et rebellionis solempniter pupplicandum in forma sibi in eisdem
litteris demandata. Valete. Datum apud Croydon' xiiij kal.
Septembris.

---

*[August 19th, 1297. Mandate to the Archbishop's commissary to excommunicate
evil-doers at Wingham and the neighbouring churches, inquire their names,
and summon them to appear before the Archbishop, and admonish the Provost
of Wingham to give back the carts, horses, and tithes of the canons.]*

GENERALIS DENUNCIACIO CONTRA LIBERTATUM ET LIBE-
RARUM CONSUETUDINUM ECCLESIE TURBATORES, UNA CUM MONI-
CIONIBUS INFRA CONTENTIS.—Robertus et cetera magistro Martino
commissario consistorii nostri Cantuariensis salutem et cetera.   Ex
parte dilectorum filiorum canonicorum ecclesie prebendalis de
Wengham nobis existit gravi conquestione monstratum quod Petrus
de Gildeford, qui se dicit dominum manerii de Overlond in parochia
ecclesie de Assche ad communitatem dictorum · canonicorum
spectantis, cum quibusdam suis complicibus ac fautoribus quorum
nomina ignorantur in sue salutis dispendium contra libertates
ecclesie et ejusdem liberas consuetudines ipsos multipliciter molliens
pregravare, ipsorum carectas presenti autumpno decimas colligentes
et hujusmodi decimis oneratas per campos suos sicut consuevit fieri
transeuntes violenter cepit, et in manerium predictum sic captas
adduxit et easdem cum decimis predictis et equis detinuit et adhuc
minus provide detinet easque prefatis canonicis ut tenetur restituere
pertinaciter contradicit, que quidem tam pupplica sunt et notoria
quod nulla poterunt tergiversacione celari.   Quia igitur constat
omnes libertatum et liberarum consuetudinum turbatores in majoris
excommunicacionis sentencia incidere ipso facto, ne tante temerita-
tis presumpcio impune pertranseat aliis in exemplum, discrecioni tue
committimus, et tibi in virtute obediencie et sub pena excommunicacionis majoris quam in personam tuam proferimus in
[Fo. 221ᵛ.] hiis scriptis si in execucione presentis | mandati nostri
vel alicujus partis ejusdem negligens fueris vel remissus,
firmiter injungimus et mandamus quatinus in ecclesia de Wengham

per te in aliis vero ecclesiis circumvicinis per te vel per alium seu
alios diebus dominicis et festivis intra missarum solempnia omnes
malefactores hujusmodi in majoris excommunicacionis sentenciam
ut premittitur pupplice et solempniter denuncies seu denunciari
facias dampnabiliter incidisse.   Inquirens nichilominus diligenter de
nominibus eorundem, et quos per inquisicionem hujusmodi vel alio
modo legitimo inveneris esse notatos, ipsos cites vel citari facias
peremptorie quod compareant coram nobis ubicumque fuerimus in
civitate diocesi vel provincia Cantuariensi secundo die juridico post
festum Exaltacionis sancte Crucis audituri facturi et pro demeritis
recepturi quod justicia suadebit.   Dictum vero Petrum cum factum
suum in hac parte notorium apparuerit quod probabiliter negari
non possit, aut cum alio modo tibi constiterit de eodem moneas et
efficaciter inducas ut dictas carectas cum decimis et equis infra
unius diei spacium a tempore monicionis et induccionis hujusmodi
eidem per te statuendum dictis canonicis plene et integre restituat, et
eisdem de dampnis que hac occasione incurrisse noscuntur satisfaciat ut tenetur.   Alioquin ipsum in dicte excommunicacionis
sentenciam in prefatam ecclesiam de Wengham et aliis in forma
predicta denuncies et denunciari facias dampnabiliter incidisse,
faciens ipsum tanquam excommunicatum ab omnibus nisi in casibus
a jure premissis arcius evitari, donec aliud a nobis habueris in
mandatis; presens itaque mandatum tam diligenter tamque fideliter
exequaris ne in anime tue periculum et aliorum dispendium personarum acceptor aliqualiter habearis.   De die vero recepcionis
presencium et quid feceris in premissis nos citra dictum diem aperte
et distincte cum nominibus notatorum certifices per litteras tuas
patentes harum seriem continentes.   Datum apud Croyndon' xiiij°
kal. Septembris anno et cetera.

[*August 22nd, 1297. Letter from the Archbishop, acting for the bishops and
clergy of the province of Canterbury, to the Provincial Prior of the Friars
Preachers in England, complaining that the Friars exceed their papal
privileges, and thus subvert ecclesiastical discipline.*]

LITTERA DENUNCIACIONIS FRATRIBUS PREDICATORIBUS ET
ALIIS MISSA SUPER COMPESCENDIS CONFRATRIBUS A QUIBUSDAM
EXCESSIBUS UT PATET.—Robertus permissione divina et cetera
probatissime religionis viro . . priori provinciali fratrum predica-
torum in Anglia seu ejus locum tenenti salutem benediccionem et
graciam salvatoris.   Sicut stella de sui natura preclarior per sup-
positam sibi nebulam sepius obfuscatur, sic et forma nobilior ex

modico passa praviori frequencius subjacet lesioni, et racione consimili vestre religionis famam celebrem et preclaram sepius maculari
continget, nisi presidentis industria nocivis actibus in eadem caucius
studeat obviare. In congregacionē siquidem coepiscoporum ac
prelatorum tocius cleri nostre Cantuariensis provincie nuper celebrata Londonie, inter graves et arduos de statu ecclesie Anglicane
tractatus a multis extitit graviter conquerendo monstratum quod
fratres vestri ordinis ac eciam similium ordinum quibus de hoc
similiter scribimus ex communi condicto statuta papalia, quorum in
dubiis non ad alium quam ad statuentem interpretacio pertinet, in
ambiguis interpretari presumunt et tam a summo pontifice ex
    suorum statutorum effectu majori excommunicacione
[Fo. 222.] ligatos, quorum sibi ipsi dumtaxat | absolucionum reservat,
    quam eciam episcoporum ac ceterorum prelatorum sen-
tenciis jure ordinario innodatos, a quibus non nisi per prelatos
eosdem vel superiores eorum ordinariam jurisdiccionem aut princi-
paliter vel accessorie super hoc delegatam habentes, possunt de
permissione juris absolvi, necnon sentencia simili pro offensa sepius
manifesta ligatos, de offensis [1] eisdem ut convenit minime satisfacto,
frequencius a sentenciis ipsis contra juris permissionem absolvunt,
et in delictis majoribus quorum ad majores prelatos dispensacio ac
relaxacio reservatur a jure, de facto dispensant et absolvunt illicite
taliter delinquentes ; necnon ad alia prejudicativa prelatis quo ad
regimen animarum quod eos a jure committitur, suisque periculosa
subjectis, in foro penitenciali ultra quam decet licet aut expedit
dicti fratres suam dicuntur extendere potestatem, per quod et prelati vultus suorum pecorum ab eis per devium et contemptum
aversos agnoscere nequeunt, ipsorumque prelatorum subditi tam
periculose vagantes quo ad congruam disciplinam ecclesie remanent
incorrecti, unde quantum exinde papalis auctoritas contra obediencie
debitum et episcoporum ac ceterorum prelatorum jus ordinarium
eis ab ecclesie constitucione quesitum, quantumque jus commune
quo ad offensas ut convenit non correctas contra disciplinam ecclesiasticam offenduntur, quantum eciam animarum periculum et scandalum in clero et populo iminet et oriri poterit de premissis prudenter
advertite, et servatis vestre potencie finibus, ne fratres vestri similia
in futurum committant vigilanti studio precavete, scientes quod qui
terminos suos frequenter excesserint a non suis terminis sepius
excedentur. Finali quoque consideracione pensate quod vestre
religionis fratrumque vestrorum quieta tranquillitas, aut quod deus

---

[1] *In margin,* ' Nota contra fratres '.

avertat totaliter inquieta tempestas, causari poterit ex caritativa concordia, vel quod absit adversa discordia, cum prelatis.　Hec vobis ac
ceteris fratribus de consimilibus ordinibus scribimus tam a nostris
coepiscopis quam eciam a communitate prelatorum et cleri specialiter
super hoc requisiti.　Quid autem super hiis consilio deliberato
feceritis, nobis ad nostrum et dictorum prelatorum ac cleri vestrum-
que solacium et quietem quamcicius oportune poteritis, plenius intimetis.　Valete semper in Christo ad sue ecclesie commodum et
honorem.　Datum apud Mortelak' xi kal. Septembris anno domini
et cetera consecracionis nostre tercio.

[*August 22nd, 1297.　Similar letters to the Provincial Minister of the Friars
Minor and the Provincial Priors of the Augustinian Friars and of the
Carmelites.*]

　　Consimilis littera ejusdem tenoris et date exivit ministro provinciali fratrum minorum in Anglia vel ejus locum tenenti.　Item
consimilis littera ejusdem date et tenoris de verbo ad verbum
exivit . . priori provinciali fratrum ordinis sancti Augustini in
Anglia seu ejus locum tenenti.　Item alia exivit . . priori provinciali de Monte Carmeli vel ejus locum tenenti in Anglia supra-
dictorum date et tenoris.

[*Undated.　Letter from the Archbishop, bishops, and clergy of the province of
Canterbury after the meeting of Convocation on August 10th, 1297, informing
the King that they cannot make him a grant without the Pope's permission,
but asking for leave to send an envoy to the Pope urging him to sanction it.*]

[Fo. 222ᵛ.]

　　RESPONSIO PRELATORUM ET CLERI CANT' PROVINCIE FACTA
REGI QUAM PRO RENOVACIONE CARTARUM LIBERTATUM ET
FORESTE INCONSULTO PAPA NICHIL DE BONIS ECCLESIE POTERUNT
CONFERRE.—Il vous membre sire coment monstre et offert fuist
nadgueres al Erceveske e partie des Eveskes dunk' presens cest
asaver de Loundres Nicole Norwys e Baa de par vous ke le Clerge
vous feist un regard por les Chartres de communes fraunchises e de
la foreste renoveler, et de adrescer lestat de seinte Eglise, a cel
houre vis fuist al Erceveske e as autres Eveskes avauntdiz ke ceo
serreit bien a fere, mes il ne poeyent reen graunter saunz les autres
prelaz et le Clerge, dounc le Erceveske fist un assemble des prelaz
et du Clerge ore a jour Seint Lorenz a noveu Temple de Loundres
e unt cestes choses debatu communement par touz les degrez du
Clerge, e chescoun degre bailla al Erceveske en presence des

Eveskes soun respouns en escrit, dounc tut lur avisement en les avauntdites choses est ke il ne purreyent reen graunter des biens de seinte Eglise por les chartres renouveler saunz conge la Pape par mous des resouns. Des autres adrescemenz del estat de seinte Eglise fuist avis memes ceo a tres touz mout poy exceppez, mes il espeyrent ke par bones resouns ke serreyent monstrez a la pape, legerement averunt le conge. E prient si vous plest por commun prou e pees de seinte Eglise e de tut le reaume voillet sœffrir ke il puissent hastivement enveer, par commun counseil de voz e de lour ou tut par eus por les choses avaundites.

[September 2nd, 1297.　Grant by favour to the Treasurer of the Cathedral church of Chichester on his resignation of the rectory of Slindon of all the fruits and obventions before his resignation and of all that was stored in the barns, on condition that he gives a right portion to the poor, and does the necessary repairs to the books and other ornaments of the church.]

GRACIA FACTA RESIGNANTI ECCLESIAM DE FRUCTIBUS PERCEPTIS AB EADEM.—Robertus et cetera dilecto filio magistro Willelmo de Irton' thesaurario ecclesie Cycestrensis salutem et cetera. Cum ecclesiam parochialem de Slyndon' de nostra immediata jurisdiccione existentem et ad patronatum nostrum pleno jure spectantem cujus possessione incubuisti hactenus sicut rector in manus nostras sponte libere et absolute resignaveris, juri si quod tibi aliqualiter in eadem competebat cedendo. Nos volentes tibi facere graciam specialem fructus et obvenciones ante resignacionem et cessionem hujusmodi per te perceptos ac eciam in horreis ejusdem ecclesie jam reconditos tibi remittimus concedimus et donamus, proviso tamen quod pauperibus ejusdem parochie congruam porcionem tribuere et presentes defectus librorum et ceterorum ornamentorum ejusdem ecclesie reparare prout ad hoc obnoxius esse videberis tenearis. Datum apud Lyming' iij° non. Septembris.

[October 5th, 1297.　Mandate to the Archbishop's commissary to summon the executors of Archbishop Peckham to render an account of their administration on the first law day after the feast of St. Nicholas (Dec. 6th).]

CITACIO EXECUTORUM DOMINI J. CANT' ARCHIEPISCOPI AD REDDENDUM RACIOCINIUM UNA CUM DENUNCIACIONE QUE SEQUITUR.—Robertus permissione divina et cetera magistro Martino commissario nostro Cantuariensi salutem et cetera. Cum alienarum rerum et precipue defunctorum administracionem gerentes racionem

sue administracionis ex officio sui debito reddere teneantur, locorum-
que ordinariis incumbat solicite providere ut decedencium ultime
voluntates juxta ipsorum pia desideria impleantur.   Nos cupientes
ut tenemur effici cerciores utrum et qualiter ultima disposicio bonorum pie recordacionis fratris Johannis de Pecheham pre-
[Fo. 223.] decessoris nostri | sit per executores testamenti ejusdem
effectui debito mancipata, tibi precipimus et mandamus
quatinus dilectos filios Nicholaum de Knovile rectorem ecclesie de
Maydestan et Simonem Greilley rectorem ecclesie de Godmersham
executores testamenti et bonorum ejusdem predecessoris nostri cites
peremptorie vel sic citari facias quod compareant coram nobis
proximo die juridico post festum sancti Nicholai proximo futurum,
ubicumque tunc et cetera, testamentum et inventarium bonorum
dicti defuncti et omnia alia instrumenta dictum testamentum et
bonorum hujusmodi administracionem contingencia exhibituri ac
racionem sue administracionis in ea parte plenarie reddituri per-
sonaliterque juraturi necnon et quibusdam interrogatoriis ex officio
sibi si necesse fuerit faciendis similiter responsuri ulteriusque facturi
et recepturi, cum continuacione et prorogacione dierum usque ad
ipsius negocii expedicionem finalem juxta ipsius qualitatem et
naturam quod ipsius rei congrua expedicio postulat et requirit.
Denuncies insuper seu denunciari facias pupplice in ecclesia nostra
cathedrali Cantuariensi et aliis locis solempnibus nostre diocesis
temporibus ad hoc magis oportunis quod omnes creditores et lega-
tarii ac alii, quos hujusmodi bonorum administracio seu testamenti
execucio contingit et quorum interest aliqualiter in hac parte termino
et loco supradictis calculacioni hujusmodii intersint et faciant quod
judicio racionis videbitur expedire.   De die vero recepcionis presencium et quid feceris in premissis nos dictis die et loco certifices
per tuas patentes et cetera.   Datum apud Lameheth iij° non.
Octobris.

[*October 5th, 1297. Mandate to the Bishop of Chichester to give notice in his
diocese that the Archbishop has summoned the executors of the late Archbishop
to render an account of their administration on the first law day after the
feast of St. Nicholas (Dec. 6th).*]

DENUNCIACIO FACTA CREDITORIBUS ET LEGATARIIS QUOD
INTERSINT CALCULACIONI EXECUTORUM.—Robertus et cetera
venerabili fratri domino G. dei gracia Cycestrensi episcopo salutem
et cetera.   Cum nos qui ex officii nostri debito de execucione ultime
voluntatis defunctorum curare tenemur dilectos filios Nicholaum de
Knovile rectorem ecclesie de Maydestan et Simonem Greilley exe-

cutores testamenti felicis recordacionis fratris Johannis de Pecheham
predecessoris nostri racionem administracionis sue pleniter reddi-
turos, ulteriusque facturos et recepturos juxta naturam et qualitatem
ipsius negocii cum continuacione et prorogacione dierum quod premissorum expedicio requirit ad proximum diem juridicum post
festum sancti Nicholai proximo venturum ubicumque tunc et cetera,
coram nobis mandaverimus evocari, verisimiliterque presumamus
eorum calculacionem et ejus audicionem aliquos subditos vestros
contingere posse racione possessionum et bonorum que idem pre-
decessor noster in vestra diocesi optinebat, ne idem factum ipsos
lateat quos contingit vel ejus ignorancia in dispendium dictorum
executorum valeat in posterum allegari, vobis mandamus presencium
tenore firmiter injungentes quatinus denuncietis pupplice vel sic denunciari solempniter faciatis in ecclesie vestra cathedrali et aliis locis
insignibus vestre diocesis temporibus ad hoc congruis quod omnes
quorum interest in hac parte et quos hujusmodi res tangit dictis die
et loco reddicioni hujusmodi compoti intersint, et pro jure suo pro-
ponant si sibi viderint expedire quare iidem executores ab onere
    dicte administracionis minime debeant liberari, ulterius-
[Fo. 223ᵛ.] que faciant in pre|missis quod postulaverit ordo juris.   De
    die vero recepcionis presencium et quid feceritis in pre-
missis nos dictis die et loco certificetis per vestras patentes litteras
et cetera. Datum apud Lameheth' iijᵒ non. Octobris anno et cetera.

[*October 9th, 1297.   Inhibition, under pain of excommunication, of communi-
cating with John de Moresdenne, who is under sentence of excommunication.*]

INHIBICIO SUB PENA EXCOMMUNICACIONIS LATE NE QUIS CUM
EXCOMMUNICATO COMMUNICET.—Universis has litteras inspecturis
Robertus permissione divina et cetera salutem et pacem in domino
sempiternam. Ne ovis morbida dominicum gregem inficiat aut ex-
communicatorum qui se communioni fidelium irreverenter ingerere
non formidant, consueta rebellio numerum augeat dampnatorum ad
idoneam in hac parte cautelam universitati vestre facimus manifestum,
quod Johannes de Moresdenne de Insula de Oxene nostre Cantuariensis diocesis propter ipsius manifestas contumacias pariter et
offensas per nos majoris excommunicacionis sentencia auctoritate
ordinaria legitime innodatus et talis frequenter ac solempniter de-
nunciatus, in eadem sentencia diucius perduravit et adhuc contemptis
ecclesie clavibus perseverat; propter quod eciam nos contra ipsum
tanquam quo ad id obstinatum sentenciam aggravantes eandem,
inhibendum fore decrevimus et diebus ac locis variis pupplice fecimus inhiberi, ne quis cum eodem Johanne sic excommunicato extra

casus a jure permissos communicare presumeret sub pena excommunicacionis majoris quam contravenientes incurrerent ipso facto. In cujus rei testimonium sigillum nostrum presentibus est appensum. Datum apud Lameheth' vij^{mo} id. Octobris anno domino M°. cc°. nonagesimo septo.

[October 15th, 1297. Letter to the abbot of Langdon requiring him to produce John de Bacheford, a brother, who has deserted his wife and entered the monastery without the permission of the Church, at the Archbishop's court on the next law day after the feast of All Souls (Nov. 2nd), and to appear himself if he believes it to be in his interest.]

CITACIO FRATRIS CONVERSI AD RESPONDENDUM UXORI SUE IN SECULO DIMISSE.—Robertus permissione et cetera dilecto filio . . abbati monasterii de Langedon' nostre diocesis salutem graciam et benediccionem. Conquesta est nobis Alicia de Cruce Roys mulier quod licet Johannes de Bacheford qui dudum matrimonium cum eadem muliere contraxit diuciusque postea cum ea tanquam uxore sua cohabitans proles suscitasset ex ea, vos tamen seu vestri nomine vestro premissorum non inscii prefatum Johannem tanquam fratrem vestrum auctoritate propria ac sine judicio ecclesie per violenciam fecistis seu fecerint abduci quem in domo vestra retinere dicimini tanquam fratrem. Quia igitur non licet mulierem eandem absque auctoritate ecclesie suo jure a possessione hujusmodi taliter spoliare, devocionem vestram requirimus et hortamur modis omnibus consulentes quatinus dictum Johannem si ad id facultatem habueritis ad proximum diem juridicum post commemoracionem animarum ubicumque tunc et cetera fuerimus coram nobis in judicio sisti personaliter faciatis, prefate mulieri de premissis ac eciam nobis ex nostro officio secundum juris exigenciam responsurum et de veritate dicenda quatenus jus exigit juraturum facturum et recepturum ulterius quod est justum. Nos enim predicte mulieri eosdem diem et locum ad faciendum super hiis quod jus exigit duximus assignandum. Et vos ipsi eisdem die et loco intersitis si vestra videritis interesse, ipsisque die et loco de premissis curetis nos reddere cerciores. Datum apud Lameheth' id. Octobris anno domini M°. cc^{mo}. nonagesimo septimo.

[October 15th, 1297. Mandate to the Archbishop's commissary to cite the abbot of Langdon, who has abducted the above John de Bacheford and detains him in the monastery, to appear before the Archbishop on the first law day after the feast of All Souls (Nov. 2nd) and produce the said John.]

[Fo. 224.]

CITACIO . . ABBATIS DICTUM FRATREM RECIPIENTIS IN RELIGIONEM SINE LICENCIA UXORIS.—Robertus permissione et cetera

dilecto filio magistro Martino commissario nostro Cantuariensi
salutem et cetera. Conquesta est nobis Alicia de Cruce Roys
mulier quod licet Johannes de Bacheford dudum matrimonium cum
eadém legitime contraxisset diuciusque postea cum eadem tanquam
cum uxore sua cohabitans proles suscitasset ex ea, . . abbas tamen
monasterii de Langedon' nostre diocesis premissorum non inscius
prefatum Johannem fratrem dicte domus sue confingens ipsum propria temeritate absque judicio ecclesie per violenciam abduxit seu
per suos abduci fecit et ipsum in suo monasterio detinet tanquam
fratrem prefatam mulierem prefato viro suo sic temere et contra
justiciam spoliando, super quibus ad nos accedens sibi peciit in hoc
oportunum remedium adhibere. Cum igitur non liceat dictam
mulierem sine auctoritate ecclesie suo jure ac possessione taliter
spoliare, tibi mandamus quatinus dictum . . abbatem si extra locum
exempcionis deprehendi possit, alioquin in aliquo maneriorum
suorum non exempto, peremptorie cites seu citari facias modis quibus poteris edictum solempniter et pupplice proponendo quod compareat coram nobis proximo die juridico post commemoracionem
animarum ubicumque tunc et cetera, et prefatum Johannem quem
fratrem suum confingit eisdem die et loco coram nobis exhibeat et
personaliter sistat, supradicte mulieri et nobis ex officio super sibi
obiciendis responsurus et de veritate dicenda prout jus exigit juraturus facturusque ulterius et recepturus quod juri fuerit et consonum racioni. De die vero recepcionis presencium et quid feceris
in premissis nos dictis die et loco certifices per tuas patentes et
cetera. Datum ut supra.

———

[*October 11th, 1297. Mandate to the dean of Shoreham to cite Walter de la
Mare, who deserted his wife four years ago and refuses to support her, to
appear before the Archbishop on the fourth law day after the Feast of All
Souls (Nov. 2nd).*]

CITACIO VIRI AVERTENTIS SE AB UXORE SINE JUDICIO ECCLESIE.
—Robertus et cetera decano de Schorham salutem et cetera. Conquesta est nobis Katerina de Londonia mulier quod licet Walterus
de la Mare de Eynesford' matrimonium cum eadem Katerina
dudum legitime contraxisset, simulque tanquam vir et uxor
mutuo cohabitassent et multas inter se soboles procreassent,
prefatus tamen Walterus dictam Katerinam uxorem suam propria
temeritate absque judicio ecclesie jam quadriennio elapso a se
abiciens possessione obsequii debiti conjugalis ipsam nequiter
spoliavit, et de dote sua aliisque eorum bonis communibus et
vite necessaria recusat inhumaniter ministrare in sue salutis dis-

pendium et scandalum plurimorum. Cum igitur ex hiis magnum
imineat periculum animarum tibi mandamus firmiter injungendo
quatinus peremptorie cites vel citari facias dictum W. quod compareat coram nobis quarto die juridico post festum commemora-
cionis animarum ubicumque tunc et cetera, prefate Katerine super
premissis ac nobis super sibi obiciendis ex officio nostro responsurus
et de veritate dicenda personaliter juraturus ac quibusdam interrogatoriis sibi ex officio faciendis responsurus facturus ulterius et recepturus quod juri fuerit consonum et racioni.   De die vero recepcionis
presencium et quid feceris in premissis nos et cetera.   Datum apud
Lamheth' v° id. Octobris anno domini M°. cc^{mo}. nonagesimo septimo
consecracionis nostre quarto.

[*October 13th, 1297. Mandate to the Archdeacon of Chester or his official to
denounce those persons who are molesting William of Alvetham, because he
bought the fruits of the vacant church in the diocese of Coventry and Lichfield,
belonging to the Archbishop by reason of his metropolitical jurisdiction during
the vacancy of the see, from the Archbishop's official; to hold an inquiry and
cite offenders to appear before the Archbishop.*]

DENUNCIACIO QUORUNDAM TURBANCIUM JURA ECCLESIE CANT'
ET ARCHIEPISCOPI IN SUO CASU.—Robertus permissione et cetera
          dilecto filio . . archidiacono Cestrensi vel ejus officiali
[Fo. 224ᵛ.] salutem et cetera.   Willelmus de Alvetham | Coventrensis
          et Lichfeldensis diocesis nobis graviter est conquestus
quod licet ipse nuper dicte diocesis sede vacante fructus et proventus
ecclesie de Alvetham prefate diocesis ad nostram disposicionem jure
metropolitico racione vacacionis ipsius ecclesie de Alvetham tunc
spectantes ab . . officiali nostro inibi constituto pro certo precio
comparasset, et inde ut debuit satisfecisset ad plenum, quidam tamen
malivoli et in juris nostri dispendium machinantes prefatum Willelmum per laicalem potenciam ea occasione hactenus multipliciter
molestarunt et adhuc ut dicitur molestare conantur, in juris nostri
ac eciam libertatis ecclesie nostre Cantuariensis cujus offensores ipso
facto sentenciam majoris excommunicacionis incurrunt prejudicium
manifestum ; volentes igitur ut nobis incumbit jura et libertates
ecclesie nostre predicte defendere et offensores eorum animadver-
sione canonica cohibere, vobis et utrique vestrum divisim cum cohercionis canonice potestate committimus et mandamus quatinus per
omnes ecclesias archidiaconatus predicti de quibus congrue requisiti
fueritis vel fuerit unus vestrum, per tres dies dominicos aut festivos
proximos post recepcionem presencium quibus id fieri poterit oportune intra missarum solempnia denunciari pupplice faciatis aut faciat
unus vestrum omnes illos, qui contra libertatem predictam eundem

Willelmum occasione premissa sic scienter inquietare presumpserant
aut presumunt, majoris excommunicacionis sentencia innodatos. Et
in denunciacionibus ipsis sub pena excommunicacionis ejusdem
quam ipso facto contravenientes incurrent inhibeatur pupplice et
expresse ne quis decetero id attemptare presumat. De nominibus
vero singulorum qui id hactenus attemptare presumpserant aut
eciam qui post inhibicionem premissam id idem presumpserint
attemptare protinus inquirentes vel unus vestrum inquirens, omnes
illos quos per inquisicionem eandem vel alio modo legitimo de premissis vocatos aut certa racione suspectos inveneritis vel invenerit
unus vestrum, citari peremptorie faciatis aut faciat alter vestrum,
quod die eis per vos aut unum vestrum statuendo eisdem coram
nobis ubicumque tunc et cetera, sufficienter compareant super
obiciendis eisdem ex nostro officio quo ad hoc responsuri et de veritate dicenda super hiis juraturi penamque pro demeritis recepturi
necnon facturi ulterius quod est justum. De die vero recepcionis
et quid actum extiterit in premissis, ac eciam de nominibus citatorum
hujusmodi si qui fuerint nos dictis die et loco certificetis vel certificet
unus vestrum per vestras seu suas patentes litteras harum seriem
continentes. Datum apud Lameheth' iij° id. Octobris et cetera.

[*October 11th, 1297. Letter to the official of the Bishop of Coventry and Lichfield requiring him to do speedy justice to the late abbot of Lilleshall, who
asks that he may have from the abbot and convent of Lilleshall the provision
made for him on his resignation by the late Bishop of Lichfield.*]

EXERCITACIO OFFICIALI SUFFRAGANEI QUOD . . ABBATI
CEDENTI FACIAT PROVIDI DE PORCIONIBUS AD VICTUM ASSIGNATIS.
—Robertus permissione divina et cetera dilecto filio . . officiali
Coventrensi et Lichfeldensi salutem et cetera. Ad peticionem
fratris Radulphi de Salopia quondam abbatis monasterii de Lilles-
hull' Coventrensis et Lichfeldensis diocesis nuper ejusdem diocesis
sede vacante . . officiali nostro tunc inibi constituto rescripsimus,
ut de porcionibus eidem fratri Radulpho ipsius abbacie regimini ex
causa honesta et sponte ut asserebat cedenti per bone memorie
Rogerum tunc Coventrensem et Lichfeldensem episcopum diocesa-
num ejusdem de consensu abbatis et conventus loci predicti ad susten-
tacionem ipsius Radulphi assignatis legitime et ut nobis sug-
[Fo. 225.] gerebatur injuriose subtractis, celeriter sine more dispendio |
faceret provideri ; sed iidem abbas et conventus ad id per
dictum officialem nostrum moniti et inducti predicto fratri taliter providere ut asserit hactenus non curarunt ; de quo a vobis ut dicit

justiciam sibi fieri sepius cum instancia debita postulavit.   Ne igitur
si pro defectu sustentacionis idonee mendicandi necessitas imponatur
et ei quod absit juris deficiat in hac parte suffragium, vos excitando
requirimus et hortamur quatinus fratri sepedicto cum celeritate qua
sine juris offensa fieri poterit plenam justiciam amputatis dilacionum
ambagibus super hoc fieri faciatis, ne ad nos de hoc iterata redeunte
querela cogamur manus ad id correctivas apponere et vos arguere
merito de neglectu ; ut autem super hoc cercioremur uberius de die
recepcionis presencium et quid actum in premissis extiterit nos
citra diem sancti Andree apostoli vestris patentibus litteris harum
tenorem habentibus curetis reddere cerciores.   Datum apud Lameheth' v° id. Octobris.

———

[*October 10th, 1297. Mandate to the official of the Bishop of Coventry and
Lichfield to cite the executors of the late Bishop to make provision before the
feast of St. Andrew (Nov. 30th) for a poor and disabled priest who was
ordained by the late Bishop without a title.*]

CITACIO EXECUTORUM . . EPISCOPI QUI ORDINAVIT PRESBI-
TERUM SINE TITULO UT SIBI SINE CULPA SUA POSTEA MUTILATO
PROVIDEANT IN VICTU.—Robertus permissione divina et cetera
officiali Coventrensi et Lichfeldensi salutem et cetera.   Nuper ut
meminimus executores testamenti bone memorie Rogeri quondam
Coventrensis et Lichfeldensis episcopi excitari mandavimus et induci
ut Thomas de Gogun, presbitero a prefato episcopo sine titulo ut
asseruit in presbiterum ordinato et sine culpa ejusdem presbiteri ut
suggessit postea taliter mutilato quod celebrare nequiens in ordinis
sacerdotalis opprobrium mendicare jam cogitur, de suo victu prout
prefatus episcopus si sit ita efficaciter tenebatur per viam aliquam
facerent provideri ; set iidem executores taliter excitati prout dictus
presbiter nobis lacrimose conqueritur in nullo sibi ad victum ut
superius tangitur hactenus providere curarunt, super quo idem
presbiter a nobis humiliter petiit oportunum sibi remedium provideri.   Nolentes igitur in sua sibi deesse justicia vobis committimus
et firmiter injungendo mandamus quatinus executores eosdem adhuc
iterato canonice moneatis et efficaciter inducatis seu moneri faciatis
ut convenit et induci, ut dicto presbitero citra festum sancti Andree
apostoli de suo victu ut supra provideant.   Alioquin executores
eosdem citari peremptorie faciatis quod proximo die juridico post
Octabas ejusdem festi ubicumque tunc et cetera fuerimus coram
nobis sufficienter compareant, tam dicto presbitero quam eciam
nobis ex nostro officio super hoc secundum juris exigenciam responsuri et de veritate dicenda quatenus jus exigit juraturi facturi et

recepturi ulterius quod est justum. De die vero recepcionis presencium et quid actum extiterit in premissis necnon de dictorum
executorum nominibus nos dictis die et loco certificetis per vestras
patentes litteras et cetera cum ipsius presbiteri nomine super hoc
fueritis congrue requisiti. Datum apud Lameheth' vj° id. Octobris
anno domini et cetera.

[*October 15th, 1297. Mandate to the Bishop of London to summon the bishops
of the province of Canterbury to a meeting of Convocation at the New
Temple on November 22nd, and to command the bishops to summon representatives of all the clergy of their dioceses to discuss measures to be taken
on account of the Scottish invasion.*]

CONVOCATIO PRELATORUM ET CLERI CANTUARIENSIS PRO-
VINCIE PRO DEFENSIONE ECCLESIE CONTRA SCOTOS.—Robertus et
cetera venerabili fratri domino R. dei gracia Londoniensi episcopo
salutem et cetera. Casus repentini, cujus occasione regni et ecclesie
Anglicane magnum timetur periculum iminere, recens et inopinatus
eventus nos licet anxios et invitos impellit extra proposi-
[Fo. 225ᵛ.] tum preconceptum prelatos et clerum nostre provincie, ¦ licet
per similia de quo dolemus et angimur sepius fatigatos, pro
ejusdem regni et ecclesie atque cleri periculo propulsando cum
festinacione consulere, et ad id modis omnibus prout eciam cum
quibusdam nostris coepiscopis et aliis sapientibus deliberacione
habita censuimus convocare. Nuper siquidem in parliamento
London', ubi cum optimatibus et regni proceribus varia tractavimus
negocia ut decebat, rumor validus atque recens tam per litteras
celeriter missas de Scocia quam eciam per constantem relatum
domini comitis de Warenna principalem custodem per dominum
regem Anglie inibi deputatum et aliorum exinde celeriter reversorum,
quorum fida reputatur assercio noviter intercurrit, quod Scotorum
exercitus in multitudine maxima copiosus totum regnum Scocie
usque ad fines ejusdem versus Angliam occupans et cum strage
maxima Anglicorum etati aut sexui non parcendo jam regnum [1]
Anglie veraciter ut dicitur et constanter asseritur est ingressus,
ipsum regnum Anglie nisi eis bellatorum promptum preparetur
obstaculum pro suis viribus vastaturus in tantum quod maxima pars
communitatis Northumbr' usque ad villam Novi Castri pre tanti timore
periculi ad partes citeriores se transtulit et bona sua, quatenus eis
facultas patuit nudata fere patria jam transvexit, propter quod
dominus noster filius domini regis carissimus cui juramento fideli-

---

[1] Marginal Note in a later hand: Convocacio n[ova] contra Scotos.

tatis astringimur et regni proceres super hiis artissima revolucione tractantes, a nobis et quibusdam nostris coepiscopis ibidem presentibus affectuose petebant ut in tam grandi et evidenti periculo sicut premittitur iminente, nos et ceteri prelati ac clerus Anglie quibus sicuti ceteris dicitur in hac parte patere necessitas consilium oportunum et efficax presidium impendere curaremus. Unde cum id fieri aut super hoc congrue responderi non possit illorum quorum interest convocacione debita pretermissa, fraternitati vestre committimus et mandamus quatinus vestros coepiscopos et confratres cum celeritate qua poteritis convocetis, et per episcopos nostros dictum clerum quatenus eis subicitur convocari mandetis videlicet ut ipsi episcopi et decani ac priores in ecclesiis cathedralibus presidentes personaliter, ceteri vero abbates et priores cujusque diocesis pro se et conventibus suis per se aut per procuratorem sui ordinis et reliqua cleri communitas similiter cujusque diocesis, Wallie videlicet per unum, Anglie vero quatenus nostra provincia se extendit per duos, et capitula cathedralium ecclesiarum per unum, procuratores idoneos et instructos die sancti Eadmundi regis et martiris una cum diebus sequentibus usque ad finalem expedicionem tractatus apud Novum Templum London' compareant, nobiscum et cum ceteris ut pretangitur convocandis super hiis tractaturi et qualiter dicta possint precaveri pericula provisuri necnon in certam formam inibi providendam concorditer consensuri facturique ulterius quod ad expedicionem idoneam pertinere videbitur premissorum. Interim vero dicti episcopi cum suis consiliis, ceteri vero prevocati similiter modo quo melius expedire prospexerint plene deliberent et per-
[Fo. 226.] tractent tam de | auxilio licito quam de modo, et de hiis omnibus procuratores et alii ut supra mittendi plenius instruantur ut ad diem et locum predictos suum possint super hiis deliberacius explicare consilium, et quod agendum extiterit sine mora planius expedire. Religiosos autem exemptos per diocesanos locorum ad id idem rogari et premuniri congrue demandetis, et vos ipsi dictis die et loco vestram adhibeatis ad premissa presenciam personalem, vestrosque subditos in forma prescripta faciatis similiter interesse. Denunciantes dictis coepiscopis et per eos suos subditos sic vocandos faciatis idonee premuniri, et vos similiter de eodem premunimus, quod absentes in citacione predicta nisi evidens et inevitabile impedimentum sufficienter probetur, tanquam inobedientes graviter puniemus. De die vero recepcionis presencium et quid in premissis feceritis, ac de nominibus sic citatorum nos dictis die et loco quatenus ad vos attinet idonee certificetis per vestras patentes litteras et cetera, et ceteris coepiscopis antedictis ut nos

similiter ipsis die et loco singuli sigillatim de suo facto certificent injungatis. Datum apud Lameheth' id. Octobris anno domini M°. cc^{mo}. nonagesimo septimo consecracionis nostre quarto.

———

[*October 27th, 1297. Letter to the Bishop of Norwich to give leave to Master Hamo de Gatele to go with Master Anselm de Eastry on a mission to the Pope from the bishops and clergy of the province.*]

DEPRECATORIA DOMINO NORWYCENS' PRO CLERICO SUO AD CURIAM ROMANAM MITTENDO.—Robertus et cetera venerabili fratri domino . . dei gracia Norwycensi episcopo salutem et cetera. Quia postquam magister Robertus de Glovernia nuncius una cum magistro Anselmo de Estria pro quibusdam negocii[s] utilitatem communem cleri et regni tangentibus, que non credimus vos latere, ex communi vestra et aliorum confratrum et coepiscoporum nostrorum deliberacione in ultima congregacione prelatorum et cleri Londonie nobiscum habita ad sedem apostolicam transmittendus, propter sui impotenciam ex adversa corporis sui valitudine ut dicebat causatam et propter alias causas verisimiles que ipsum impediebant, ab hujusmodi arrepcione itineris et negocii suscepcione instanter nobis se finaliter excusabat, de persona idonea suo loco honestius subroganda cum hiis qui sunt de nostro consilio et aliis plerisque discretis frequenter tractatum habuerimus diligentem et plurimorum condiciones per varias personas discurrendo curiosius indagantes, et super hoc sepius conferentes, magistrum Hamonem de Gatele clericum vestrum morum gravitate fidelitate et circumspeccione juxta testimonium fidedignorum subnixum magis ad hoc communi reputacione inveniamus approbatum, fraternitatem vestram attente rogamus et hortamur in domino quatinus communem utilitatem vestro privato commodo preferentes, vestrum dicto magistro Hamoni clerico vestro gratanter in hiis prebeatis assensum, ipsumque modis omnibus quibus poteritis sollicitetis et corditer inducatis ad suscipiendum una cum dicto magistro Anselmo communem nuncium et negocium memoratum, quod per ejusdem magistri Hamonis expertam diligenciam speramus apud eandem sedem posse non tam fideliter quam utiliter promoveri. Et quia tum propter admirandam negligenciam que nobis precipue verisimiliter poterit a summo pontifice et suis cardinalibus imponi ob missionis defectum, tum propter varia tam animarum quam rerum pericula celeritatem postulant supradicta, nos per presencium portitorem de vestro [Fo. 226^v.] et dicti clerici vestri in | premissis votivo consensu per vestram si placet epistolam reddatis competenti deliberacione prehabita quam cicius cerciores. Valete semper in Christo.

Datum apud Chartham vi kal. Novembris anno domini M°. cc^mo. nonagesimo septimo consecracionis nostre quarto.

———

[*November 9th, 1297. Mandate to the dean of Middlesex to induce Bruin de Podio to pay £160, according to the judgment of the Archbishop's court, to James de Mohun within two months.*]

EXECUCIO SUPER CONDEMPNACIONE EXPENSARUM ET INTERESSE.—Robertus permissione divina et cetera decano Middlesex' salutem et cetera. Cum in causa super ecclesia de Scheperton' Londoniensis diocesis de consensu parcium diucius coram nobis agitata et demum per nos sentencialiter decisa inter magistrum Jacobum de Mohun actorem ex parte una et Bruinum de Podio reum ex altera, prefatum Bruinum in octies viginti libris sterlingorum taxatis legitime et juratis prefato magistro Jacobo dampnorum et expensarum nomine in eadem causa utiliter factarum persolvendis condempnaverimus justicia suadente, tibi committimus et mandamus quatinus prefatum Bruinum moneas et efficaciter inducas ut de dicta pecunia prefato magistro Jacobo citra duos menses a tempore hujus monicionis tue satisfaciat competenter. Alioquin ipsum ad id faciendum per quamcunque censuram ecclesiasticam vice et auctoritate nostra compellas. Et quid feceris in premissis nos per litteras tuas patentes harum seriem continentes quando ex parte dicti magistri Jacobi congrue requisitus extiteris certificare plenius non omittas. Datum apud Lyming' v id. Novembris anno domini et cetera.

———

[*October 10th, 1297. Confirmation of the Great Charter and the Charter of the Forest with new articles by Prince Edward as regent on behalf of Edward I.*]

CONCESSIO REGIS FACTA QUOD CARTE LIBERTATUM ET FORESTE OBSERVENTUR IN OMNI SUI PARTE.—Edward par la grace de deu roy de Engletere seignur Dirlaunde et Ducs Daquitayne a touz ceus qi cestes presentes lettres verront ou orrount saluz. Sachiez nous al honur de deu e de seinte eglise e au profit de tut nostre reaume aver graunte por nous e por nos heirs qe la graunt chartre des fraunchises e la graunt chartre de la foreste, les queus furent fetes par commun assent de tut le realme en le tems le Roy Henri nostre piere, seyent tenuz en touz lour pointz saunz nul blemissement. E voloms qe memes celes chartres desouz nostre seal seyent enveez a nos justices, ausi bien de la foreste come as autres, e a touz les viscountes des countes e a touz nos autres ministres e a tutes nos citeez par my la terre, ensemblement ove nos brefs en les

queus sera contenu qil facent les avauntdites chartres poeplier e
qil facent dire au poeple qe nous les avoms grauntez de tenir les
en touz leur pointz.   E a nos justices viscountes maires e as autres
ministres qi les leys dela terre desouz nous e par nous unt a guier
memes les chartres en touz leur poinz enpledez devaunt eus e en
jugementz les facent alower ; ceo est a saver la graunt chartre de
fraunchises come ley commune, e la chartre de la foreste solom
lassise de la foreste par nous grauntee al amendement de nostre
poeple.   E voloms qe si nuls jugemenz seyent doneez desoremes
encountre les poynz et les chartres avaundites par justices ou par
autres nos ministres qi countre les poinz des chartres tenent
pleez devaunt eus, seyent nuls e por nient tenuz.   E |

voloms qe memes celes chartres souz nostre seal seyent
enveez as eglises cathedrales par my nostre realme e la
demorgent, e seyent deus fois par aan lewes devaunt le poeple.   E
qe erceveskes eveskes doynent sentences de graunt escumenger
countre touz ceus qe countre les avauntdites chartres vendront en
fet ou en ayde ou en conseil ou nul poynt enfreyndrunt ou countre-
vendrcount, e qe celes sentences seyent denuncies e pupplies deux
fois par an par les avaundiz prelatz.   E si memes les prelaz
eveskes ou nul de eus seyent negligenz en la denunciacioun susdite
fere, par les erceveskes de Cauntorebir' et de Everwyk' qe por
tens serrount, si come covient, seyent repris e destreinz a meme cele
denunciacioun fere sicome est ordine.   E[1] por ceo qe akune genz
de nostre realme se doutent qe les aydes e les mises, les queus il
nous unt fet avaunt ces houres por nos gueres e autres besoignes,
de lour graunt e de lur bone volunte, en quele manere qe fet seyent
puissent turner en servage a eus e a lour heirs, par ceo qe il serreit
autrefois trove en roule ; e ausi prises qe unt este fetes par my le
realme par nos ministres en nostre noun, avoms graunte por nous
e por nos heirs qe mes teles aydes prises ne mises ne treroms a
custume por nule chose qe seit fete ou qe par roule ou en autre
manere poet estre trove.   E ausi avoms graunte por nous e por
nos heirs as erceveskes eveskes abbees e priors e as autre genz de
seinte eglise, e a countes e barouns e a tote la communaute de la
terre, qe mes por nule besoigne teu manere des mises aydes ne
prises de nostre realme ne prendroms fors qe par le commun assent
de tut le realme, e a commun profit de memes le realme sauve les
auncyenes aydes e prises dues et custumees.   E por ceo qe tut le
plus de la communaute du realme se sentent durement grevez de

---

[1] ⸫ . ⸳ in margin against E.

la maletoute des leynes, ceo est asaver de chescon sak de leyne quaraunte souz, e nous unt prie qe nous les vousissom relesser, nous les avoms pleynement relesse et avoms graunte qe cel ne autres mes ne prendrount saunz lour commun assent e lour bone volunte, sauve a nous e a nos heirs les costomes des leynes peaus e quirs avaunt graunte par la communaute du reaume avaundit.   En tesmoigne de queus choses nous avoms fet fere cestes nos lettres overtes, tesmoigne Edward nostre fiz a Loundres le dyme jour de Octobre.

[*October 10th, 1297.   Undertaking by Prince Edward as regent with the assent of his Council that Edward I will pardon the Earls of Hereford and Norfolk and their followers.*]

QUOD FILIUS REGIS PROCURABIT A PATRE SUO REMITTI COMITIBUS CERTISQUE ALIIS INDIGNACIONEM SI QUAM CONCEPIT CONTRA EOS SUUS PATER.—A touz ceus qui cestes presentes lettres verront e orront Edward fiz a noble rey Dengleterre tenaunt soun lieu en Engleterre taunt come il est en parties de dela saluz. Come nos chiers e feaus Humfrey de Boun counte de Hereford' [Fo. 227ᵛ.] e de Essex' Conestable Dengleterre | e Roger le Bygot Counte de Norhtfolk' e Mareschal de Engleterre nous eyent fet entendre qe il se doteyent qe nostre seignur nostre pere avaundit e nous eussoms conceu devers eus rancour e indignacioun por akunes desobeysaunces qil aveyent fet nadgueres a ceo qe hom disent en ceo quil ne vyndrunt pas au dit nostre piere par soun maundement, e en ceo qe hom disent quil aveyent akunes de ses comaundemenz desturbe e targe e aukunes aliaunces e assembleez des genz darmes fet countre la volente e le defens le avauntdit roy nostre piere, nous regardaunz qe des choses avaundites nul maufet par eus ne est suy uncore coment qe paroles eient este dites e bien veaunz qe ci ceste chose ne fust apese en bone manere e la rancour e la indignacioun du dit nostre piere e de nous si nule i feust relesse mut graunz damages e graunz perils porreyent legerement avenir au reaume, nomement taunt come le dit nostre pere est es parties de dela, a la requeste des diz countes e por eschure tous maneres de damages e de perils, grauntoms e permettoms par lordinaunce e lassent de Richard par la grace de deu eveske de Loundres Willame evesque de Ely Water eveske de Coventre e Lichefeld' e Henri le eslit de Everwyk' et de nobles homes moun sire Eadmund counte de Cornewaille mon sire Johan de Warenne counte de Surrey' e Sussex' mon sire Willame de Beauchaump counte de Warewyk' mon sire Johan Giffard mon sire Reynaud de Grey, mon

sire Aleyn Plukenet e tuz les autres counseilleres qe le dit nostre
pere nous ad baillez, qe nous porchaceroms par totes les veies qe
nous poroms que le dit nostre pere relerra e pardorra pleynement
as diz countes e a Johan de Ferrers e a touz lour meynengs e tuz
lur alies tote manere de rancour e de indignacioun si nul eit conceu
devers eus par les encheisons avaundites en nules deeles, issi qe nul
des diz countes ne Johan de Ferrers ne nul de lur menengs ne de
lur aliez avaundiz ne serront chalengez ne enchesonez ne grevez par
le dit nostres pere ne par nous ne par nos heirs en nul tems par
nules des choses susdites. E grauntoms e promettoms qe sur le
reles e le pardon de la rancour e de la indignacion avauntdiz nous
f[e]roms aver as diz countes Johan de Ferers e a lur meynengs e a lur
aliez les lettres du dit nostre pere patentes seeles de sun graunt
seel. E nous par cestes presentes lettres avoms a eus relesse e
pardone tote manere de rancour et de indignacioun que nous
avoms conceu vers eus por nules des encheisouns susdites, e promettoms et grauntoms que nous les garderoms de damage devers
nostre piere avaundit de totes les choses avaundites. En tesmoigne
de queus choses nos avoms fet fere nos lettres overtes selees de
nostre seal. Donee a Loundres le dyme jour de Octobre lan du
regne nostre piere avaundit vintime quint.

[*Undated.   General sentence of excommunication issued against all who infringe
the Great Charter, the Charter of the Forest, and the new articles.*]

SENTENCIA EXCOMMUNICACIONIS LATA PER CANTUARIENSEM
PONTIFICEM INDICTA ET QUOSDAM ALIOS SUOS SUFFRAGANEOS
CONTRA VENIENTES CONTRA CARTAS LIBERTATIS ET FORESTE ET
ALIA PER REGEM DE NOVO CONCESSA.—En noun de pere e fiz
          e de seint esperit amen. Com nostre seignour le rey al
[Fo. 228.] honour | de dieu et de seinte eglise e al commun profist
          de tut son reaume eit graunte por luy e por ses heirs a
tenir en son reaume a tous jours les choses souz escrites.[1] Nous
Robert par la grace Deu erceveske de Cauntorebir' e primat de
tut Engleterre amonestoms une feez secunde feez et tierte feez puis
qe la brefte de tens plus lung delay ne soeffre tuz ceus du reaume
de Engleterre e chescun de eus de quel estat ou de quel condicioun
quil seyent qe touz e chescon de eus taunt com en eus est cestes choses
grauntees par nostre seignour le rey avaundit teignent e maun-
teignent enterement en touz les poinz. E qe eus ne nul de eus ne

---

[1] In margin : Hic recitabatur de verbo ad verbum concessio regis prescripta.

countreveignent ne enfreignient en nul point. E touz ceus e chescoun de eus qe encountre ceste chose grauntee par nostre seignour le Rey a scient vendrent ou enfreyndrent en nul point ou en nul tems ou procuront ou conseilleront ou en autre manere assentiront de countrevenir ou enfreyndre de fet de dit apertement ou couvertement par nule manere de colour, nous avaundit Robert Ercevesqe de Cauntorebir" par nostre auctorite en cest escrit escomenioms e del cors nostre seignour Jesu Crist e tote la companye de ciel e de touz les sacremenz de seinte eglise severoms; Fiat; fiat, amen.

[*October 10th, 1297. Undertaking by the Council of the King and his son, in view of the prince's promise given with their assent, to obtain the King's pardon for the Earls of Hereford and Norfolk and their following to protect them from any consequences of their previous action.*]

LITTERA OMNIUM DE CONSILIO REGIS ET FILII SUI DE CONSERVANDO DICTOS COMITES INDEMPNES.—A touz ceus qui cestes presentes lettres verront ou orront William de Ely, Richard de Loundres, William de Ba et de Welles, Wautier de Coventr' e de Lichefeud' par la grace de dieu evesques e Henry par meisme grace elit de Everwyk', Edmond conte de Cornewaille Johan de Warenne conte de Surreye e de Sussex', William de Beauchaump conte de Warewik', Robert de Ver conte de Oxenford', Johan Giffard Henry de Percy Renaud de Grey Johan de Langeton chaunceler Dengletere Aleyn Plukenet, Johan Tregoz, Phelip de Wylughby dean de Nicole William de Hamelton' ercedeakne de Everwyk' Johan de Craucumbe ercedeakne de Estriding, Robert de Radeswell ercedeakne de Cestre, Itere de Ingolesme ercedeakne de Ba, William de Grenefeud chanoun de Everwik' Renaud de Brandone chanoun de Seint Poul, Johan Lovel, Maculom de Harlee, Thomas de Lugoure chanoun de Welles, Guy Ferre, Guncelyn de Badlesmere, Adam Gurdoun, Rogier Brabazon, Johan de Metingham, Johan de Cobeham, William de Bereford, William de Carletone, Johan del Isle, Williame de Bliburgh, Gilbert de Roubury, Pieres de Dene, Johan Breton', Rauf de Sandwiz, Robert de Burgheisshe, de counseil del haut prince nostre treschier seignour Edward noble roy Dengleterre seignour Dirlaund e ducs Daquitaine et de son fiz [Fo. 228ᵛ.] Edward tenaunt son leu en | Engleterre taunt come il est es parties de dela saluz en deu. Come fait seit entendaunt au fiz nostre seignour le rey avaundit e a nous qe les nobles hommes sires Humfrey de Boun counte de Hereford' et de Essex' e conestable Dengleterre e Rogerus Bigod counte de Norfouk' e marereschal Dengleterre se doutent que nostre seignour le roy avaundit

eit conceu devers eus rancour e indignacion pour aukunes desobeissaunces nadgiers par eus fetes a ceo qe hom dist en ceo qe il ne
vindrent pas au dit nostre seignour le rey par son maundement, e en
ceo qe hom disent qe il averent aukuns de ses comaundemenz
destourbez e targez e aukuns alliaunces et assemblees des genz
darmes fait countre la volunte e le defens nostre seignur le rey
avaundist.   E le dit fiz le rey regardaunt qe des choses avaunt
dites nul mal fait nest suy par eux uncore coment qe paroles eient
este dites, e veaunt qe si ceste chose ne feust apesee en bone manere
e la rancour e la indignacion du dist nostre seignur le rey e la sue
si nule y feust ne feust relesse, moutz grantz damages et grauntz
perils porrerent legerement avenir au reaume nomeement taunt
come nostre seignur le roy avaundist est es parties de dela, a la
requeste des distz countes e por eschiure tens maneres des damages
e des perils eit graunte e premis par lassent e lordinaunce de nous,
qe il porchacera par tuttes les veies qe il porra qe le dist nostre
seignur le roy relerra et pardurra pleinement as distz countes e a
Johan de Ferrers e a touz lors meesnengs e a tuz lor aliez tutes
maneres de rancour e de indignacion, si le distz roy nule eit conceu
vers eus par les enchesons avauntdistes ou nule de eles; issint qe
nul des distz countes ne Johan de Ferrers ne nul de lor meesnengs
ne de lor alliez avaunditz ne serront chalengetz enchesonetz ne
grevetz par le dist roy ne par son fitz ne par lor heirs a nul tens
par nule des enchesons desuhtdistes.   E ensement eit premis e
graunte qe il sour le reles e le pardon de la rancor e del indignacion
avaundistes lor fra aver les lettres du dist roy overtes selees de son
graunt seal.   E ausi meismes le fitz eit par ses lettres releisse
e pardone tutes maneres de rancor e de indignacion as distz countes
e a Johan e a lor meisnengs e allietz si nule eust conceu vers eus
por nule des enchesons desusdites, e promis e graunte qe il les
gardera de damage devers son piere avaundist de tuttes les choses
desusdistes.   Nous touz avauntdis e chescon de nous ensement
regardauntz qe des choses avauntdistes nul mal fait nest suy uncore
dieu mercy par nul des diz countes ne par Johan de Ferrers ne par
nul de lour meisnengs ne lor alliez coment qe paroles eyent este
dites.   E ausi regardauntz les perils e les damages qe porrerent
avenir sicom est avaundist, e por bien asséurer les distz countes
                e Johan menengs e lor allietz avaundiz, promettoms et
[Fo. 229.] grauntoms [1] | loyaument e en bone fey por nous e chescon
                de nus, qe nus porchacerons par tutes les veyes qe nous

---

[1] MS. repeats e grauntoms.

porroms devers le dist nostre seignur le rey qe il relerra e pardurra
a eus e a chescom de eus totes maneres de rancor e de indignacion
si nule eit conceu vers eus ou nul de eus par aukuns des enchesons
avauntdistes.   E ausi qe il pardurra e relerra a touz autres de son
reaume qui furont sommis ou priez de passer ovek' luy e qui pas
ne passeront totes maneres de rancour e de indignacion si nule eust
conceu vers eus par cele encheson.   E uncore promettoms e grauntoms qe nus les ditz countes e Johan e lour meisnengs e lour alliez
e chescon de eus garderoms de damage vers le dist roy de tutes les
choses avauntdites, e a ceo nus obligeoms par cestes nos lettres
overtes seelees de nos seaus, e par sermenz vewes et toucheez
seintes Ewangeilles.   Doneez a Londres de disme jour de Octobr'
lan de grace mil deus cens nonaunte sept, e del regne du rey
Edward avauntdist vintisme quint.

[*November 5th, 1297.   Grant of Edward I's pardon to the Earls of Hereford
and Norfolk and their followers.*]

LITTERE REGIS DE REMISSIONE INDIGNACIONIS ET RANCORIS
.. COMITIS HEREFORD ET MARESCALLI.—Edward par la grace de
dieu roi Dengleterre seigneur Dirland et ducs Daquitaine a touz
ceux qui cestes presentes lettres verront ou orront saluz.   Sachiez
qe come, de par nos, amez e feaux Humfrey de Bohun conte de
Hereford e de Essex e conestable Dengleterre et Rogier Bygod
conte de Norfolk e mareschal Dengleterre nous sait fait entendant
quil se douterent qe nous eussiens conceu vers eux rancour e indignacion pur aucunes desobeissaunces quil avoient faites neadgueres
a ce qe hom diseit en ce quil ne vindrent pas a nous a nostre comaun-
dement e a ce qe hom diseit quil aveient aucunes de nos comande-
mentz destourbez e targez e aucunes aliances e assemblees de gentz
darmes faites contre nostre volunte e deffense.   Nous regardantz qe
des choses avaundites nul meffait nest par eux sui uncore coment
qe paroles eent este dites, a la requeste e priere especiale Edward
nostre chier fuiz e nostre lieutenant en Engleterre e des honeurables
peeres Willame evesque de Ely Willame evesque de Ba e de Welle,
Richard evesque de Londres, Wautier evesque de Coventr' e de
Lichefeud e Henri eslit Deverwyk' e de nos amez e feaux Edmon
conte de Cornewaille, Jehan de Garenne conte de Surrey' e de
Sussex', Willame de Beauchamp conte de Warewyk' e des autres
de nostre consail demorantz en Engleterre pres de lavandit nostre
fuiz, releissoms et pardonoms pleinement as ditz contes e a Johan
de Ferreres e a touz leur menengs e a touz leur aliez tote manere

de rancour e de indignacion qui nous avoms conceu vers eux si nule ensoit par les encheisons avandites ou nule de eles. Issint qe nul des ditz contes ne Johan de Ferrers ne nul de leur menengs ne de leur aliez avantditz ne soient chalengez encheisonez ne grevez par nous ne par nos heirs en nul temps pur nule des choses avandites. E ausint pardonoms e releissoms a touz autres de nostre roiaume qui furent somons ou priez de passer oveq' nous e ne passerent totes maneres de rancour e de indignacion si nule eussiens conceu vers eux par cele encheison. En tesmoi-

[Fo. 229ᵛ.] gnance | des queus choses nous avoms fait faire cestes nos lettres ouvertes. Donees a Gaunt le quint jour de Novembre lan de nostre regne vintime quint.

———

[*November 5th, 1297. Confirmation of the Great Charter and the Charter of the Forest with new articles by Edward I.*]

CONFIRMACIO MAGNE CARTE LIBERTATUM ET FORESTE PER E. CUM ALIIS QUIBUSDAM ADJECTIS.—Edward par la grace de dieu roi Dengleterre Seigneur Dirland et ducs Daquitaine a touz ceux qui cestes presentes lettres verront ou orront saluz. Sachiez nous al honeur de dieu et de seinte eglise e a profit de tot nostre roiaume avoir graunte pur nous e pur nos heirs qe la grant chartre des franchises e la chartre de la forest, les queles feurent faites par commun assent de le roiaume en le temps roi Henri nostre peere, soient tenues en touz leur pointz sanz nul blemissement. E voloms qe meismes celes chartres desouz nostre seal soient enveez a nos justices, ausi bien de la foreste come as autres, e a touz les viscontes des contez e a touz nos autres ministres e a totes nos citez par my la terre, ensemblement ove nos briefs en les queux serra contenu quil facent les avandites chartres puplier e quil facent dire au pueple qe nous les avoms grauntees de tenir les en touz leur pointz. E a nos justices viscontes meires e autres ministres qui la ley de la terre desouz nous e par nous ont a guier, meismes les chartres entouz leur pointz empledz devant eux e en jugementz les facent alower, cest a savoir la graunt chartre des fraunchises come ley commune, e la chartre de la forest selom lassise de la forest al amendement de nostre pueple. E voloms qe si nuls jugementz soient donez desoremes encontres les pointz des chartres avandites par justices e par autres nos ministres qui contre les pointz des chartres tienent pledz devant eux, soient defaitz et pur nient tenuz. E voloms qe meismes celes chartres desouz nostre seal soient envees as eglises cathedrales par my nostre roiaume e la demoergent, e soient deus foiz par an lues devant le pueple. E qe erceevesques e evesques doignent sentences du graunt escomenger contre touz ceux qui contre les avauntdites chartres vendront ou en fait ou en aide ou en consail ou nul point enfreindrent ou encontre vendront, e qe celes sentences seient denuncies et puepliez deux fois par an par les avanditz prelaz. E si meismes les prelaz evesques ou nul de eux soient negligenz en la denunciacion susdite faire, par les erceevesques de Cantorebir' e de Everwyk' qui pur temps serront, sicome covient, soient repris e destreintz a meisme cele denunciacion fere en la fourme avandite. E pur ce qe aucunes gentz de nostre roiaume se doutent qe les aides e les mises, les queles il nous ont faitz [Fo. 230.] avant ces houres pur nos | guerres e autres besoignes, de lur graunt e lur bone volunte, en quel manere qe faitz soient peussent tourner en servage a eux e a leur heirs par ceo qe il serreient autrefoiz trovez en roule ; e ausint prises qe ont este faites par my le roiaume par nos ministres en nostre noun, avoms graunte pur nous e pur nos heirs qe mes tieles aides mises ne prises ne trerroms a custume par nule chose qe soit faite ou qe par roule ou en autre manere peust estre trouvee. E ausint avoms graunte pur nous et pur nos heires as erceevesques evesques abbez et priours e as autre gentz de seinte eglise, e as contes e barons e a tote la communaute de la terre qe mes pur nule busoigne tieu manere des aides mises ne prises de nostre roiaume ne prendroms fors qe par commun assent de tot le roiaume, e a commun profit de meismes le roiaume sauve les ancienes aides et prises dues et custumees. E pur ce qe tut le plus de la communaute du roiaume se sentent durement greveez de la male toute des leynes, cest asavoir de chescun sak de leyne quarante souz, e nous ont priez qe nous le vousissiens relesser, nous a leur priere le avoms pleinement releisse, e avoms graunte qe cele ne autre mes ne prendroms sanz leur commun assent e leur bone volunte, sauve a nous e a nos heirs la custume des leynes peaux e quirs avant grauntez par la communaute du roiaume avantdit. En tesmoniance des queux choses, nos avoms fait faire cestes nos lettres overtes. Donees a Gaunt le quint jour de Novembre lan du nostre regne vintisme quint.

[*December 2nd, 1297. Letter to the Warden and Scholars of Merton College, Oxford, on behalf of Master Nicholas de Onning', formerly fellow and scholar of the college, who was presented by them to the rectory of Chetington, and held it for some time, until the prior and convent of St. Oswald's in the diocese of York brought a suit about the right of presentation in the King's Court and won it, and Master Nicholas was removed in consequence. The*

Archbishop requests the Warden and Scholars to receive him back as a fellow and scholar or to provide him with a benefice.]

PRO MAGISTRO NICHOLAO DE ONYNGG' IN DOMO DE MERTON' OXON' REINDUCENDO.—Robertus permissione divina et cetera dilectis filiis .. custodi et scolaribus domus de Merton' Oxon' salutem et cetera. Accedens ad nos magister Nicholaus de Onning' clericus sua nobis insinuacione monstravit quod cum dudum in socium et conscolarem dicte domus ex unanimi et spontaneo consensu vestro admissus moram inter vos aliquamdiu traxisset, ac postmodum per vos ad ecclesiam de Chetyndon' Lincolniensis diocesis vacantem venerabili fratri nostro domino Lincolniensi episcopo loci diocesano presentatus fuisset, et ad presentacionem hujusmodi per eundem diocesanum admissus et rector institutus legitime in eadem, ipsamque ecclesiam velud rector ad presentacionem vestram hujusmod aliquamdiu possedisset, et ea occasione secundum domus predicte consuetudinem ab eadem domo amotus fuisset; demum tamen mota vobis super jure patronatus ejusdem ecclesie per priorem et conventum sancti Oswaldi Eboracensis diocesis in curia regia questione et hujusmodi jure patronatus a vobis per eosdem priorem et conventum evicto in curia memorata optinuerunt iidem prior et conventus eundém magistrum Nicholaum sine culpa ipsius ab eadem ecclesia per mandatum regium amoveri, quorum pretextu idem magister Nicholaus utriusque beneficii solacio tam dicte ecclesie quam vestre domus manet totaliter ut asserit [Fo. 230ᵛ.] destitutus. | Et ne in cleri opprobrium mendicare cogatur nobis humiliter supplicavit ut sue inopie subvenire misericorditer dignaremur. Cum igitur juvari nos beneficiis hominum oporteat non utique defraudari vestraque promocio finalem effectum in eo non habuerit sicut exitus postea comprobavit, vobis mandamus quatinus si est ita prefatum magistrum Nicholaum omni beneficio quo sustentari valeat ut asserit destitutum ad commoditatem more scolastice inter vos quam prius habuit et in socium ac conscolarem dicte domus cum emolumentis incumbentibus admittatis, aut saltem de competenti beneficio quod retinere poterit oportunis temporibus eidem providere quatenus de jure tenemini studeatis. Datum apud Lamehethe iiijᵒ non. Decembris anno domini Mᵒ. ccᵐᵒ. nonagesimo septimo consecracionis nostre quarto.

———

[*December 4th, 1297. Commission to the Archbishop's Commissary and to John of Lewes, Canon of Wingham, to collect before January 13th in the diocese of Canterbury the moiety of the tenths recently granted in Convocation for the defence of the kingdom against the Scots.*]

COMMISSARIO CANT' ET ALII AD COLLIGENDUM DECIMAM PRO

REPULSA SCOTTORUM CONCESSAM.—Robertus permissione divina
et cetera dilectis filiis magistris Martino commissario nostro
Cantuariensi et Johanni de Lewes canonico ecclesie prebendalis de
Wengham salutem et cetera. Cum nos ceterique prelati ac clerus
nostre provincie Cantuariensis nuper Londonie congregati[1] super
justa et necessaria defensione ecclesie et regni Anglie contra
hostium suorum incursus et precipue contra hostiles agressus
exercitus Scottorum, qui cum inhumana strage Anglorum sine personarum deletu[2] illustri rege nostro cum magna parte sue milicie
extra regnum agente, dictum regnum ingressi, magnam partem
ejusdem regni devastarunt et adhuc devastare et depopulare in
dies non formidant, solicite tractaverimus providenda, demum cum
unanimi et spontaneo consensu nostro et omnium conveniencium
ibidem ordinatum fuerat et provisum quod pro tam communis et
necessarie defensionis auxilio in quo proprium versatur cujuslibet
interesse, precipue ubi ab intrinsecis actualis iminet oppressio et ab
extrinsecis injusta invasio formidatur, decima pars bonorum ecclesiasticorum omnium prelatorum secularium et religiosorum nostre
civitatis diocesis et provincie Cantuariensis secundum taxacionem
ultimam veri valoris eorundem, decima vero pars fructuum et proventuum cleri dictarum civitatis diocesis et provincie secundum
taxacionem Norwycensem, absque peticione imposicione citacione
vel taxacione cujuscumque laice potestatis auctoritate diocesanorum in qualibet diocesi colligeretur, et in tuto deponeretur pro
defensione ecclesie et regni in necessitatibus hujusmodi instantibus
et futuris cum emerserint, secundum nostrum consilium per ministros
ecclesiasticos ad hoc deputandos caucius eroganda, presertim cum
ad resistendum tantis periculis laicorum non suppetant ut communiter asseritur facultates, terminis ad solucionem hujusmodi
decimarum ad festum sancti Hillarii et ad mediam quadragesimam
pro equalibus porcionibus faciendam ex causis evidenter et neces-
sariis deliberato consilio coartatis. Quocirca vobis et alteri vestrum
vices nostras committimus ad petendum exigendum recipiendum
et colligendum decimas memoratas, firmiter injungentes quatinus
archidiaconum nostrum Cantuariensem abbates priores ceterosque
prelatos conventualium et collegiatarum ecclesiarum ac reliquum
clerum nostre diocesis supradicte vice et auctoritate nostra legitime

---

[1] Written in between the lines in a smaller hand: ' necnon ac religiosi quidam
exempti et non exempti nostre provincie Cant' nuper in parliamento celebrato
Lond' congregati.'

[2] *Sic* MS. for delectu.

moneatis et efficaciter inducatis; [vel][1] moneat et inducat unus
       vestrum quod vobis de decimarum hujusmodi medietate
[Fo. 231.] prout | cuilibet incumbit juxta ordinacionem pretactam in
       predicto festo sancti Hillarii sine ulterioris more diffugio
sub pena excommunicacionis majoris satisfaciant competenter. Alioquin ipsos extunc ad id per quascumque censuras ecclesiasticas
districtius compellatis. Inhibeatis insuper pupplice sub pena excommunicacionis quam in omnes contravenientes in genere pro-
feratis ne quis bona sua ecclesiastica aut aliquam partem eorundem
in fraudem decime supradicte vel ejus solucionis aliqualiter distrahat
vel elonget; denunciantes exemptis nostre diocesis memorate
quod pro communi defensione predicta in qua ipsorum sicut et
aliorum proprium interesse versatur hujusmodi decimam quatenus
eos contingit terminis supradictis solvere non omittant. Et quid
in premissis feceritis nos distincte et aperte certificetis tempore
competenti per litteras vestras patentes harum seriem continentes.
Datum apud Lamehethe ii non. Decembris anno domini M⁰. cc^{mo}.
nonagesimo septimo consecracionis nostre quarto.

[*December 5th, 1297. Commission to the Treasurer of the New Temple, London,
and the rector of Lambeth, to receive the money of the tenths of the clergy
and store it at the New Temple, to give letters of quittance, and to pay over
the money to the Earl of Surrey and certain other Earls.*]

POTESTAS DATA PER CANT' VICE OMNIUM THESAURARIO
NOVI TEMPLI LONDONIE ET RECTORI DE LAMBHETH' AD RECI-
PIENDUM PECUNIAM DECIME PROVISE CONTRA SCOTOS.—Robertus
et cetera dilectis filiis thesaurario Novi Templi Londonie et
Magistro Johanni de Exton' rectori ecclesie de Lamehethe salutem
et cetera. Ad recipiendum pecuniam de decima bonorum ecclesiasticorum Cantuariensis provincie ad defensionem regni et ecclesie
Anglicane nuper a prelatis et clero provincie antedicte concessam
et apud Novum Templum Londonie deponendam et ad faciendum
solventibus ipsam pecuniam vice nostra et coepiscoporum nostrorum
litteras acquietancie de soluto, necnon ad [2] liberandum eandem
pecuniam comitibus Warenn' Hertford' et Essex' marescallo
Norff' et Suff' Glovernie Warewyk' et domino Henrico de Percy
cum pro defensione ecclesie Anglicane et regni ejusdem contra
Scotos se exponerent vel eorum certis attornatis litteras eciam de
recepto petendi et recipiendi ab eisdem, vobis nomine nostro et
coepiscoporum nostrorum liberam ac plenam damus et concedimus

---

[1] Omitted in MS.   [2] *Sic* MS.

tenore presencium facultatem.   In cujus rei testimonium sigillum
nostrum de dictorum coepiscoporum nostrorum assensu presentibus
est appensum.   Datum apud Lamehethe non. Decembris anno
domini M⁰. cc^mo. nonagesimo septimo consecracionis nostre quarto.

[*December 4th, 1297.   Letter to the Bishop of Lincoln exhorting him, in view of
urgent necessity, to prevail on the richer clergy, regular and secular of his
diocese, to pay up the whole of the tenth at once, and to see that it is sent to
the Treasurer of the New Temple; and the poorer clergy to pay the second
instalment before Mid-Lent Sunday.*]

QUOD LYNCOLNIENSIS DECIMAM EXIGAT ANTE TERMINOS
ASSIGNATOS PROPTER IMINENS PERICULUM.—Robertus permissione
et cetera venerabili fratri domino O. dei gracia Lincolniensi
episcopo salutem et fraternam in domino caritatem.   Cum post
congregacionem per nos Londonie ultimo celebratam moram
traheremus ibidem pro arduis expedicionibus rei pupplice
longiorem cotidianis ac multiplicatis rumoribus proh¹ dolor intelleximus pro constanti quod Scotorum exercitus adeo prodi-
ciosis ac celerosis actibus contra regnum Anglie et ipsius incolas
invalescit, quod nisi ipsorum agressibus ciciori remedio resistatur,
toti regno nostro predicto hostium insidiis sicut scitis undique
circumcincto irreparabile detrimentum quod absit poterit iminere.
Propter quod per consilium regis nostri tractatus satis anxie super
periculis hujusmodi caucius evitandis jam extat unanimiter ordinatum quod comites Warenn' Hereford' et Essex' Marescallus
Norffolk' et Suffolk' Glovernie et Warwyk' et dominus Henricus
de Percy cum septingentis armaturis strenuorum militum et
equitum bellatorum et peditum multitudine copiosa non parcendo
discrimini temporum vel viarum versus Novum Castrum
[Fo. 231ᵛ.] Super Tinam, quod dicti Scoti jam obsidere et eo | pejora
ibidem perpetrare dicuntur, celerime dirigant gressus suos;
quibus fere sex milia marcarum infra duodecim dies et totidem
citra dominicam qua cantatur *Letare Jerusalem* de decima bonorum
ecclesie Anglicane necessario sunt solvenda, stipendiis peditum,
quibus de fisco satisfaciendum erit, minime computatis.   Nos igitur
in tanto necessitatis articulo cum fratribus nostris Londonie tunc
presentibus nunc huc nunc illuc per nos et ipsos sollicite dis-
currentes, et exhausto regis errario cum diversis particularia mutua
contrahentes, pro prima solucione dictis comitibus facienda, personas
nostras obligavimus ista vice.   Quocirca fraternitatem vestram

---

¹ MS. proht.

sincera devocione requirimus et rogamus ac vos quantum possumus
exhortamur, quatinus sine omni more diffugio a potencioribus tam
religiosis quam clericis secularibus coram vobis si necesse fuerit
specialiter accersitis, totam decimam exposita eis primitus dicte
necessitatis causa solerter exigere studeatis, et pecuniam sic
collectam una cum tota porcione temporalia et spiritualia vestra
contingente, ad Novum Templum Londonie non expectando
primum vel secundum terminum salvo et celeriter transmittatis.
De ceteris vero religiosis et clericis secularibus qui solvere nequeunt festinanter decimam suis terminis sicut alias ordinavimus
plenarie colligatis, et ipsam ut premisimus London' oportunis temporibus destinetis.   Nam licet inter nos nuper fuisset communiter
ordinatum quod quilibet diocesanus in sua diocesi collectam
pecuniam detineret et mediante mandato nostro ipsam traderet
thesaurario ad hoc inter nos specialiter nominato, tamen propter
necessitates et difficultates varias quas cum consilio regis comitibus
predictis et multis regni proceribus nuper plusquam anxie per-
tractavimus, ordinacionem predictam nequivimus sine dispendioso
circulo quamvis tunc aliud censuerimus observare.   Valete semper
in Christo.   Datum apud Lameheth' ij non. Decembris consecracionis nostre anno quarto.

[*December 10th, 1297.   Mandate to the Dean of the Arches to induce the rectors
and vicars of the deanery to pay the first moiety of the tenth before January
13th on pain of sequestration, and to collect it and pay it over to the Archbishop at once.*]

QUOD DECANUS DE ARCUBUS COMPELLAT RECTORES SUI
DECANATUS AD SOLUCIONEM DECIME CONTRA SCOTOS.—Robertus
et cetera dilecto filio . . decano ecclesie beate Marie de Arcubus
Londonie salutem et cetera.   Cum clerus nostre Cantuariensis provincie nuper Londonie congregatus pro justa et necessaria defensione regni et ecclesie Anglicane contra hostium suorum incursus, et
precipue contra repentinos agressus Scotorum qui regnum predictum invadere ac devastare indies moliuntur, sponte et simpliciter
absque imposicione coaccione vel exaccione cujuscumque laice
potestatis decimam bonorum suorum ecclesiasticorum secundum
taxacionem Norwycensem mediante nostro et suorum diocesanorum
consensu, ipsorum suorum prelatorum auctoritate dumtaxat con-
cesserint colligendam et in tuto deponendam, ac pro defensione
necessaria ecclesie et regni in periculis jam instantibus et futuris
cum emerserint secundum nostrum consilium per ministros ecclesiasticos ad hoc specialiter deputandos viris bellatoribus caucius

erogandam terminis ad solucionem ejusdem decime in festo sancti
Hillarii et in dominica medie quadragesime pro equalibus porcionibus faciendam, prout rerum et temporum qualitas et con-
[Fo. 232.] dicio requirunt ex consensu unanimi constitutis, | tibi com-
mittimus et mandamus firmiter injungentes quatinus moneas
et efficaciter inducas rectores et vicarios decanatus predicti quod de
medietate decime bonorum suorum predictorum in tanta necessitate
concesse in festo sancti Hillarii sine ulterioris more diffugio satisfaciant competenter. Alioquin ipsos extunc ad id faciendum per
quascumque censuras ecclesiasticas et bonorum hujusmodi sequestra-
cionem districte compellas. Ad quam decimam petendam exi-
gendam colligendam et recipiendam in eodem decanatu te
presencium auctoritate specialiter deputamus. Quid autem feceris
in premissis et de nominibus rebellium in hac parte nos in dicto
festo sancti Hillarii distincte et aperte certifices per tuas patentes
litteras harum seriem continentes, pecuniam vero sic collectam ad
nos cum omni celeritate transmittas. Datum apud Cherring' iiij°
id. Decembris anno domini et cetera consecracionis nostre quarto.

[*December 31st, 1297. Mandate to the Archdeacon of London's official to publish
in all the churches of the archdeaconry the excommunication of all who con-
ceal the property of the deceased Henry Box, to investigate the matter and
sequestrate such property, to cite suspected persons to appear before the Archbishop, and to notify him.*]

MONICIO SUPER DETECCIONE ET REVELACIONE BONORUM H.
BOX ET INQUISICIO SUPER EODEM, SEQUESTRUM BONORUM HUJUS-
MODI ET CITACIO.—Robertus permissione divina et cetera dilecto
filio . . officiali archidiaconi Londoniensis vel ejus locum tenenti
salutem graciam et cetera. Quia de bonis testamenti quondam
Henrici dicti Box civis Londoniensis qui in decanatu de Arcubus
Londonie nostre immediate jurisdiccionis decessit, quorumque
bonorum administracionis compotus coram nobis noviter est
reddendus, et que bona extra vestram jurisdiccionem ut dicitur
sunt translata, ad ipsius negocii expedicionem felicem cerciorari
quatenus poterimus affectamus, tibi committimus et firmiter
injungendo mandamus quatinus infra octo dies post recepcionem
presencium aliquo die dominico vel festivo, seu eciam pluribus
diebus hujusmodi si id fieri possit, in singulis dicti archidiaconatus
ecclesiis intra missarum solempnia coram clero et populo moneri
in genere pupplice facias omnes illos qui dicta bona vel eorum
aliqua detinent, et qui de bonorum hujusmodi amocione vel
occupacione aut receptacione quacumque quicquam sciverint, ac

eis auctoritate nostra precipi et injungi ut infra alios octo dies
quicquam sciverint tibi vel decano de Arcubus Londonie detegant
et revelent, singulasque particulas bonorum hujusmodi expresse
specificent, sub pena excommunicacionis majoris quam in omnes
sic monitos atque jussos nisi hujusmodi monicioni ac jussioni
paruerint vel quicquam inde scienter celaverint, exnunc proferimus
in hiis scriptis. Et nichilominus de hiis omnibus diligenter inquiras et investiges omni modo quo poteris veritatem, omniaque
bona hujusmodi de quibus cercioratus extiteris, incontinenti
sequestres, et quousque aliud inde mandaverimus sub sequestro
hujusmodi facias detineri, inhibens sub pena predicta ne quis bona
eadem sine nostra licencia faciat amoveri vel aliqualiter ocultari.
Omnes eciam alios qui de premissis vel eorum aliquo suspecti
fuerint aut notati, et de quibus tibi quocumque modo constiterit,
citari facias peremptorie quod sexto die juridico post dictam
quindenam coram nobis ubicumque tunc et cetera suffi-
[Fo. 232ᵛ.] cienter compareant, super obiciendis | eisdem quo ad hec
ex nostro officio responsuri et de veritate dicenda super
hiis personaliter juraturi facturi et recepturi ulterius quod est
justum. Ad quos diem et locum quicquid de premissis inveneris
nobis in una cedula sub tuo sigillo transmittas inclusa. De die vero
recepcionis presencium et quid inde feceris necnon de citatorum
nominibus si qui fuerint, nos ipsis die et loco certifices per tuas
patentes litteras harum seriem continentes. Datum apud Burn' ii
kal. Januarii anno domini M°. cc^{mo}. nonagesimo septimo consecracionis nostre quarto.

---

*[January 2nd, 1298. Mandate to the dean of Sutton to excommunicate in the
church of Maidstone and four neighbouring churches those persons who
besieged the Archbishop and his household in the rectory of Maidstone, to find
out their names and send the list to the Archbishop.]*

AD DENUNCIANDUM EOS DE MAYDENESTAN EXCOMMUNICATOS
QUI DOMINUM CANTUARIENSEM IBI OBSEDERUNT TEMPORE PERSE-
CUCIONIS IN DOMIBUS RECTORIS HOSPITATUM.—Robertus permissione divina et cetera dilecto filio .. decano de Sutton' salutem
et cetera. Ad subditorum nostrorum salutem idoneam quam ex
officii nostri debito pre ceteris amplius affectare tenemur salubrius
procurandam expedire conspicimus ut eos a conceptis erroribus
revocantes statum ipsorum et periculum in quo versantur, tam pro
eorum correccione celerius inducenda quam eciam ad uberiorem
cautelam pro ipsis et aliis ne similia perpetrent in aperto detegere
et canonice pupplicare. In nostro siquidem transitu quem anno

nondum elapso erga dominum regem per villam de Maydestan
cum nostra familia fecimus, et ubi pro eo quod dominus rex
manerium nostrum de Maydestan sicut et cetera dicti archiepiscopatus maneria fecerat occupari, in domibus rectorie ipsius ecclesie
pernoctavimus, nonnulli satellites sathane tam ecclesie nostre
Cantuariensis nostrique tenentes contra suam fidelitatem nobis ipsius
ecclesie Cantuariensis nomine ab eis prestitam et expresse premissam quod est horribile dictu, quam alii complices eorumdem nos et
nostram familiam tanquam fures et hostes rei pupplice, in domibus
rectorie prefate per potenciam et armatorum multitudinem obsederunt, ponentes per armatos custodias tam infra mansum ejusdem
rectorie quam extra ad portas et exitus circumquaque, et nos nostram-
que familiam ibidem per obsessionem hujusmodi tanquam incarceratos
in loco sacro tenentes nos et familiam ipsam ne nobis aut ipsis ab
inde liber pateret egressus, impedire pro viribus non absque grandi
sacrilegio conabantur, quos tanquam libertatis ecclesiastice violatores
notorios in majoris excommunicacionis sentenciam non ambigitur
incidisse. Quia igitur pupplicacionem ac eciam correccionem
idoneam tanti facinoris quas sub spe penitudinis delinquencium
paciencer hucusque distulimus ulterius dissimulare nequivimus, tibi
committimus et mandamus, quatinus receptis presentibus personaliter
ad ecclesiam de Maydestan prenotatam accedens vel, si legitime
impeditus extiteris, unum sacerdotem idoneum ibi mittens per dies
aliquos proximos magis solempnes coram clero et populo intra
missarum solempnia denunciari pupplice facias, et patenter exponi
omnes premissa maleficia vel eorum aliqua perpetrantes, necnon
omnes illos qui ad id consilium vel juvamen prestiterant, majoris
excommunicacionis sentencia innodatos; precipiens seu precipi
faciens in pupplicacione eadem et sub pena consimili ut quicumque
        de maleficio ipso quicquam sciverint, id tibi et ipsorum
[Fo. 233.] malefactorum | nomina infra triduum post pupplicacionem
        hujusmodi detegant et revelent, ac tu ipse id idem omni
cautela qua poteris protinus investiges, pupplicacionem quoque
consimilem dictis diebus solempnibus fieri facias in quatuor ecclesiis
parochialibus convicinis. De die vero recepcionis presencium et
quid feceris in premissis necnon de ipsorum malefactorum nominibus de quibus investigaveris aut quos inde notatos inveneris, nos
tuis patentibus litteris harum tenorem habentibus plene et distincte
certifices sine mora. Nomina vero malefactorum ipsorum in
cedula sub tuo sigillo inclusa nobis deferas aut transmittas.
Datum apud Burn' iiij° non. Januarii anno domini M°. cc^mo.
nonagesimo septimo consecracionis nostre quarto.

*[January 9th, 1298.   Letter to the Bishop of Durham recounting the financial
    help given by the bishops and clergy of the province of Canterbury, and
    asking for news of the fighting with the Scots.]*

DUNELMENSI SUPER STATU REGNI.—Venerabili patri in
Christo et amico suo si placet confidentissimo domino A. dei
gracia Dunelmensi episcopo Robertus permissione divina et cetera
se totum ad beneplacita preparatum. Cum salutis prosperitate
hominis utriusque epistolas vestre intime dileccionis nuper recepimus quibus nobis status vestri curavistis continenciam reserare, et
corporis vestri sospitatem de qua gratulamur non modicum pro-
palare, desiderantes de regni Anglicani et nostro statu certificari
de cujus sanitatis indubitata noticia prout intelleximus gauderetis,
vestre igitur significamus affeccioni sincere quod, prout moderni
temporis adversitas jam permittit, quiescimus in corpore et ejus
sanitate vigemus excepta quadam inquietudine febrili qua diebus
adhuc fatigamur alternis sed de hoc magnum periculum non
timemus. Regnum vero quo ad nostrates, benedictus sit altissimus,
satis est in presenciarum pacificum et tranquillum de cujus tamen
perturbacione propter divisionem inter eosdem seu pocius sub-
versione miserabili quam plurimum nuperime timebatur, ad quorum
revocacionem animorum et tam periculosam discordiam extirpandam
visceraliter laboravimus studio vigilanti, ipsumque negocium divina
mediante clemencia denuo nostra solicitudine ad effectum duximus preoptatum, sicut vestram circumspectam vigilanciam premissa
credimus non latere, licet quidam filii Belial facibus livoris succensi
hujusmodi facta nostra sinistra interpretacione nequiter pervertentes,
mala de nobis non cessent indies per suas litteras auribus regiis
intimare. Ad hec invalescente nuper adversus nostros Anglicos
Scotorum sevicia et dampna irreparabilia in partibus Borealibus
ingerente dei inspirante gracia pro ipsorum repulsa et necessaria
non tam regni quam ecclesie Anglicane defensione in ipsius
principis absencia, et precipue cum ad hoc propter varias exac-
ciones preteritas laicorum non suppeterent facultates, nos cum
nostris confratribus et clero nostre provincie providimus ecclesie
thesaurum preter omnem secularem coaccionem vel exaccionem
ecclesiastica auctoritate per manus dumtaxat clericorum fore in
tantis periculis exponendum, et pro parte ecclesie cum dominis
comitibus Warrenne Hereford' et Essex' Marescallo Norffolk' et
Suffolk' Glovernie Warwyk' et cum domino Henrico de Percy
pepigimus circa festum sancti Andree proximo preteritum, quod
cum exercitu hominum suorum bellatorum non parcendo discrimini
temporum vel viarum versus Novum Castrum super Tinam quod

dicti Scoti tunc dicebantur obsidere, celerime dirigerent gressus
suos; undecim milibus et quingentis marcis de decima
[Fo. 233ᵛ.] bonorum ecclesiasticorum | ad hoc ordinata eisdem pro
stipendiis assignatis, de quibus mediam partem infra duodecim dies tunc proximos pro celeri expedicione eorundem
contractis particularibus nunciis cum diversis pro quibus nos obligavimus fecimus eisdem persolvi, de residua medietate citra
dominicam medie quadragesime juxta convencionem satisfacturi
ad plenum, qui eciam adhuc quiescentes versus partes illas ut a
pluribus refertur nullatenus se moverunt. De quo nisi esset
Scotorum subtraccio ut dicitur infra fines suos Scocie quamplurimum gravati in admiracionem maximam duceremur. Magistrum
vero Johannem de Lyming' presencium portitorem clericum
nostrum specialem ipsiusque negocia in curia domini regis diligencius promovenda, vestre discrecioni provide commendamus
vestre semper visitacionis solacium implorantes ut de hiis que apud
vos acciderint et de negociorum bellicorum eventu quatenus per-
pendi poterit, nobis solita gratitudine per intercursores dignemini
plenius intimare. Valeat vestra sincera dileccio per tempora
infinita. Datum apud Lyming' vᵒ id. Januarii anno domini
Mᵒ. ccᵐᵒ. nonagesimo septimo.

———

[*January 10th, 1298. Mandate to the dean of Shoreham to collect in his deanery
a halfpenny in the mark levied on all ecclesiastical property to pay the
expenses of the messengers sent to the Pope by Convocation.*]

AD COLLIGENDUM OBOLUM DE MARCA BONORUM ECCLESIA-
STICORUM PRO SUMPTIBUS NUNCIORUM MISSORUM AD SEDEM
APOSTOLICAM.—Robertus permissione divina et cetera dilecto filio ..
decano de Schorham salutem et cetera. Cum pro sumptibus et
expensis nunciorum pro communibus ecclesie negociis Anglicane
ad sacrosanctam Romanam curiam nuper missis de consensu
omnium suffraganeorum et cleri nostre Cantuariensis provincie sit
provisum, quod de omnibus bonis ecclesiasticis singularum diocesium
ejusdem provincie secundum ultimam taxacionem eorundem auctoritate diocesanorum de qualibet marca obolus colligatur, tibi committimus et mandamus sub excommunicacionis pena firmiter
injungentes quatinus hujusmodi obolos de singulis marcis bonorum
ecclesiasticorum tui decanatus pro hujusmodi sumptibus diligenter
colligas et plenarie colligi facias sine mora, ad quod tibi cum
canonice cohercionis potestate committimus vices nostras. Sum-
mamque pecunie in hiis recollectam nobis ubicumque fuerimus sub
salvo conductu tuo periculo omni qua poteris festinacione trans-

mittas. Et nos plene certifices per tuas patentes litteras harum
seriem continentes de eo quod feceris in premissis. Datum apud
Lyming' iiij° id. Januarii consecracionis nostre anno quarto.

[*January 18th, 1298.* *Mandate to the rector of St. Mary by Romney, the rector
of Bilsington, and the vicars of Lydd and Romney to hold an inquisition
about the administration of the property of the hospital of Romney, and also
about Simon the butcher of Romney's alleged ill-treatment of his wife, and
to cite certain persons to appear before the Archbishop.*]

INQUISICIO FACTA SUPER QUIBUSDAM BONIS HOSPITALIS
INFRASCRIPTI MALE ALIENATIS ET QUIBUSDAM ALIIS QUE
APPARENT ET CETERA.—Robertus et cetera dilectis filiis magistris
Simoni rectori ecclesie beate Marie juxta Romenal, Thome rectori
ecclesie de Bilsington' et perpetuis vicariis ecclesiarum de Lide et
de Romenal salutem et cetera. Quia nuper visitacionis officium in
decanatu de Lymene excercentes invenimus hospitale de Romenale
in variis possessionibus quas antiquitus optinebat negligenter
collapsum, volentes dispersa et male alienata ab eodem prout
tenemur ex officii nostri debito revocare, vobis firmiter injungendo
mandamus quatinus de novem acris terre ipsius hospitalis per
dominam de Snergate prout in judicio est confessa distractis, an pro
solucione eris alieni quo nimis gravabatur dictum hospitale et
pro conservacione et retencione aliarum possessionum eidem magis
utilium per eam alienate fuissent; item an Willelmus filius
[Fo. 234.] ejusdem domine patronus hospitalis predicti | liberaciones
et corrodia in dicto hospitali perpetuo vendiderit, et pecuniam ex tali vendicione receptam in usus hospitalis nullatenus
convertisset; item an suo tempore liberaciones fratrum et sororum
ibidem plus solito sint subtracte; item an Hugo de Lewes teneat
unum molendinum quod ad idem spectare debeat hospitale; item
an Abbas de Boxle detineat eidem hospitali decem solidos annui
redditus quibus ipsum hospitale spoliaverat et per quantum tempus
detinuit; et quis xviij denariis et uno gallo et gallina annui redditus predictum hospitale similiter contra justiciam spoliavit et injuste
eadem detineat, et de possessoribus omnium sic distractorum per
viros fidedignos ville de Romenal et alios viciniores quos melius
scire veritatem credideritis, premissorum ad hoc specialiter vocatos
ad certos diem et locum per vos assignandos juratos et singillatim
in forma juris examinatos, inquisicionem diligentem facere studeatis;
denunciacione prius facta eisdem Domine de Snergate, Willelmo
filio suo, Hugoni de Lewes et abbati de Boxle specialiter et aliis
quorum interest generaliter quod eidem inquisicioni intersint si sibi

viderint expedire. Inquiratis insuper an Simon carnifex de
Romenal suam ut fama refert male tractet uxorem, in quibus et ob
quam causam. Quas quidem inquisiciones citra festum Purifica-
cionis beate virginis sic fieri volumus et mandamus, ipsasque ad
quartum diem juridicum post idem festum ubicumque tunc in
civitate diocesi vel provincia Cantuariensi fuerimus ad nos sub
vestris sigillis fideliter inclusas transmitti, ad quos diem et locum
prefatam Dominam de Snergate, Willelmum filium suum et alios
prenominatos peremptorie citetis seu citari faciatis quod compareant coram nobis hujusmodi inquisicionum pupplicacionem
visuri, facturique ulterius et recepturi quod consonum fuerit racioni.
De die vero recepcionis presencium et quid feceritis in premissis
nos dictis die et loco per vestras patentes litteras harum seriem
continentes cerciores reddatis. Quod si non omnes hiis exequendis
interesse poteritis duo vestrum ea nichilominus exequantur. Datum
apud Saltwode xv kal. Februarii anno domini et cetera consecracionis nostre et cetera.

[*January 24th, 1298. Mandate to the dean of Shoreham to collect the second
moiety of the tenth from rectors and vicars according to the Norwich
Taxation, and the whole of the tenth from the religious and other seculars
according to the Taxation of Pope Nicholas IV, before Mid-Lent Sunday,
and to deliver it to the Archbishop's principal collectors.*]

AD COLLIGENDUM DECIMAM A SECULARIBUS ET RELIGIOSIS
SECUNDUM DIVERSAS TAXACIONES.—Robertus permissione divina
et cetera dilecto filio decano de Shorham salutem et cetera. Nuper
ad colligendum medietatem decime bonorum ecclesiasticorum
secundum taxacionem Norwycensem pro necessaria defensione
ecclesie et regni nostras litteras tibi sub certa forma meminimus
demandasse, in quibus de religiosis et aliis secularibus in dignitate
constitutis de quorum bonis ecclesiasticis ipsa decima secundum
ultimam taxacionem veri valoris prout communiter ordinatum
fuerat et provisum nullam omnino fecimus mencionem, hinc est
quod tibi precipimus et mandamus quatinus residuam medietatem
dicte decime de bonis rectorum et vicariorum secularium secundum
eandem taxacionem Norwycensem, et totam decimam de bonis
religiosorum et aliorum in dignitate constitutorum secundum
ultimam taxacionem veri valoris citra dominicam medie Quadragesime per quamcumque censuram ecclesiasticam exigas et colligas
diligenter ac exigi et colligi facias cum rigore, allocato in eadem
solucione decime veri valoris si quid a religiosis vel in dignitate

constitutis secundum taxacionem Norwycensem prò eadem decima
    hactenus recepisti ; pecuniam vero sic collectam magistro
[Fo. 234ᵛ.] Martino commissario nostro Cantuariensi | et domino
    Johanni de Lewes quos principales in hac parte nostros
deputavimus collectores sub salvo conductu transmittas, litteras
sufficientes aquietancie de eo quod sic solveris recipiens ab eisdem.
Et quid de hiis omnibus feceris nobis dicto die dominico medie
Quadragesime plene rescribas per tuas patentes litteras harum
seriem continentes. Datum Dovor' ix kal. Februarii anno consecracionis quarto.

*[January 25th, 1298. Mandate to the dean of Dover to excommunicate in all the
churches of the deanery all those persons who took part in the assault at
Dover on the rectors of Saltwood and Cheriton who had been sent by the
Archbishop to cite certain persons to be present at his visitation, to inquire
into their names and certify the Archbishop, and to excommunicate the
mayor and four other persons who did not come to the visitation.]*

DENUNCIACIO GENERALIS EXCOMMUNICACIONIS CONTRA DO-
VORIENSES VIOLENTER TRACTANTES NUNCIOS DOMINI CANT' ET
SPECIALITER CONTRA ALIQUOS PRO CONTUMACIA, ET INQUISICIO.—
Robertus et cetera dilecto filio decano Dovor' salutem et cetera.
Nuper in visitacione decanatus tui Dovor' correccioni excessuum et
morum reformacioni tam cleri quam populi ex officii nostri debito
insistentes subditos nostros in villa Dovor' per dilectos filios nostros
magistrum Willelmum le Archer et Robertum de Glaston' de
Saltwode et de Ceryton' nostre diocesis ecclesiarum rectores ad
recipiendum pro salute animarum suarum sicut convenit visitacionem nostram coram nobis ad certos dies et locum mandavimus
evocari, sed quidam iniquitatis filii sue salutis immemores ausu
nefario in dictos ministros nostros hujusmodi mandatum nostrum
volentes debito modo exequi acriter irruentes et in eos manus
inicientes temere violentes opprobria et contumelias enormes
notorie in conspectu tocius populi eis intulerunt et gravibus
injuriis affecerunt eosdem, mandatumque nostrum hujusmodi cita-
torium ab ipsorum manibus rapuerunt et per violenciam abstulerunt ;
hiisque non contenti sed graviores molestias dictis injuriis cumu-
lantes prefatum rectorem de Ceryton' a predicto collega suo denuo
per excogitatam maliciam separarunt, et in magna multitudine hujusmodi filiorum Belial versus mare invitum trahentes et nunc hac
nunc illac ipsum turpiter inpellentes et palmis ac pugnis undique
percucientes et ridiculose pulsantes aliaque inferentes eidem que
pro pudore tacemus ad presens eundem inhumaniter pertractare
dei timore postposito nullatenus formidabant, quos quidem in-

juriantes non ambigitur in majoris excommunicacionis sentenciam ipso facto dampnabiliter incidisse. Nolentes igitur tam horrendam dei ecclesie et cleri offensam exemplo perniciosam in plurimorum scandalum relinquere inpunitam, tibi sub pena excommunicacionis firmiter injungendo mandamus quatinus omnes malefactores predictos eorumque complices et fautores opemque auctoritatem vel consilium in premissis prestantes eisdem in singulis ecclesiis tui decanatus quibus magis expedire prospexeris, non obstante alicujus loci exempcione diebus dominicis et aliis festivis intra missarum solempnia coram clero et populo in hujusmodi majoris excommunicacionis sentenciam publice et solempniter denuncies et denunciari per alios facias dampnabiliter incidisse ; inquirens nichilominus et solicite inquiri et explorari faciens per viros fidedignos ydoneos et juratos quos premissorum magis scire credideris veritatem de nominibus sic delinquencium, et quos in hac parte culpabiles inveneris seu notatos ipsorum nomina quamcicius tibi constiterit de eisdem ad nos ubicumque fuerimus in civitate diocesi vel provincia nostra Cantuariensi sub sigillo tuo fideliter inclusa transmittas. Ac hec Johannem de Aula seniorem Thomam tinctorem, Johannem de Mare majorem Dovor' Nicholaum le Archer et Johannem de Sturmouth', quos propter suam contumaciam in non comparendo coram nobis rite et legitime excommunicavimus,

locis et temporibus supradictis publice et solempniter sic
[Fo. 235.] excommunicatos denuncies et denunciari facias | nominatim. De die vero recepcionis presencium et quid feceris in premissis nos citra festum sancte Scholastice Virginis distincte et aperte certifices per tuas patentes litteras harum seriem continentes. Datum Dovor' viij kal. Februarii anno domini M. cc. nonagesimo septimo consecraionis nostre quarto.

[*February 5th, 1298. Letter to Geoffrey de Vezano, canon of Cambrai, undertaking to collect the procurations due to the cardinals of Albano and Palestrina for the second and third years, but declining all responsibility for the payments due for the first year.*]

CERTIFICACIO MAGISTRO G. DE VEZANO SUPER PROCURACIONE CARDINALIUM.—Magne discrecionis viro magistro Giffrido de Vezano canonico Camerac' camere domini pape clerico apostolice sedis nuncio, et a dicta sede ad infrascripta executori ut dicitur deputato, Robertus permissione et cetera et sincere dilectionis firmam in domino caritatem. Mandatum vestrum nuper recepimus tenorem continens infrascriptum. Reverendo in Christo. Quamvis igitur originali rescripto non viso, cujus auctoritate nitimini mandatum vestrum exequi minime teneamur, vestre tamen fidelitatis scinceritatem recommendatam habentes et de ipsa cum incrementis continuis pleniorem fiduciam reportantes, pro secundo et tercio anno de quibus in predicto mandato fit mencio quo ad collecta et colligenda, quatenus nobis incumbit juxta formam mandati cardinalium predictorum quod nobis injungitur et mandatur cum diligencia debita sicut decet et convenit exequemur. Pro primo siquidem anno nequimus hac vice interponere partes nostras, quia pro eodem anno per dictos episcopos cardinales non eramus exequtores prout forsitan creditis deputati. Unde quo ad annum predictum mandata vestra sunt collectoribus qui pro tempore fuerant dirigenda. Datum apud Wengham non. Februarii.

[*February 13th, 1298. Letter to the Bishop of Bangor advising him to allow Sir Reginald de Grey to exercise the right of patronage in the church of Llanruth.*]

RESPONSIO SUPER CONSULTACIONE BANGORENSIS EPISCOPI DE JURE PATRONATUS CUJUSDAM ECCLESIE.—Robertus et cetera venerabili fratri Bangorensi episcopo et cetera. Super eo quod nos consulere voluistis quid agere debeatis de composicione inita inter vos et dominum Reginaldum de Grey militem occasione litis mote super jure patronatus ecclesie de Lanruth' cujus collacionem ad vos prout per litteras vestras intelleximus credebatis spectare, et quam eidem domino Reginaldo secundum formam dicte composicionis quo ad jus patronatus concedere deberetis quod absque nostro consilio confirmare non intenditis ut scripsistis. Nos igitur vestre fraternitati quatenus propter varias occupaciones ad presens sine majori deliberacione possumus respondemus distinguendo de vestra credulitate an levis sit an probabilis si levis fuerit ex levium videlicet vel paucorum relatu concepta, pro jure dicti militis presumpciones alique verisimiles aut probabiles operentur; debetis absque omni composicione vel impedimento ipsum permittere uti libere jure suo. Si vero probabilem credulitatem habeatis juris vestri vel ex concessione alicujus vobis vel predecessoribus vestris factam, vel ex eo quod ecclesia vestra sit et predecessores vestri in eadem dum fuerint in possessione juris conferendi ecclesiam predictam pleno jure, ac consideratis temporis moderni adversitate et litis pendentis inter vos super jure patronatus ejusdem eventu dubio ipsius eciam rei modicitate si per concessionem juris patronatus ipsius ecclesie de Lanruth dicto militi faciendam vestram et ecclesie vestre quietem in majoribus parare et majorem utilitatem ex hoc procurare speretis,

credimus vobis licere hujusmodi jus patronatus non indubitatum
sicut scripsistis ut meliora ut premittitur prospiciatis con-
[Fo. 235ᵛ.] cedere domino memorato. Valete | semper in Christo.
Datum apud Wyngham Idus Februarii anno et cetera.

[*February 14th, 1298. Mandate to the vicar of St. Margaret at Cliffe, near
Dover, to read in his church on the next Sunday at mass a public citation to
the mayor and community of Dover to appear before the Archbishop, the
mayor in person or by proxy, with a representative of the community to show
cause why the Archbishop should not lay an interdict on them and their
town.*]

DENUNCIACIO EXCOMMUNICACIONIS CONTRA DOVORIENSES ET
CITACIO EORUNDEM.—Robertus et cetera dilecto filio vicario
ecclesie sancte Margarete juxta Dovor' salutem et cetera. Plures
ab olim degeneres filios et deliros longe lateque diffusos sancta
mater ecclesia regenerans et eos suis lactans uberibus usque ad
saturitatem nimiam enutrivit, qui, proch dolor, postquam ad
annorum incrementa quin pocius detrimenta studiosis progeni-
toris sollicitudinibus pervenerunt, auctore divisionis et perfidie
suggerente confestim a matris sue gremio scismatice recesserunt,
et in profundum malorum demersi dies suos ad terminum quem
preteriri non poterant infeliciter deduxerunt, duram atque resupinam
verticem adversus instituta salubria contumeliosis rebellionibus dum
supererant erigentes et flagiciosa scelera que patraverant cavillacio-
num astuciis et tergiversancium callidis argumentis conantes multi-
phariam palliare. Premissorum etenim insolencia nostris temporibus multis crassantibus jam perniciose prodiit in exemplum prout
nobis cure pastoralis excubiis intendentibus, magistra rerum
experiencia et gestorum exitus quod dolentes referimus compro-
bavit. Visitantes siquidem tam clerum quam populum nostre
civitatis et diocesis sicut nostris incumbit humeris ad decanatum
Dovor' causa visitacionis ‚inibi exercende nuper disposuimus
personaliter declinare, quamobrem dilectis in Christo filiis magistro
Willelmo le Archer et Roberto de Glaston' de Saltwode et de
Ceryton' nostre diocesis ecclesiarum rectoribus nostris dedimus
litteris in mandatis ut ad Dovor' accedentes certos de eodem
municipio fidedignos, per quos super corrigendis et reformandis
plenius et planius veritas sciri posset, ad certos diem et locum in
eodem decanatu consist[ent]em satis insignem et distantibus magis
aptum coram nobis citarent, visitacionem nostram juxta juris
exigenciam recepturi. Cumque dicti rectores in prefato municipio
jam exequi debite quod mandavimus incepissent, irruentes notorie

turbe Belial catervatim in ipsos variis injuriis et contumeliosis
opprobriis eosdem inhumaniter afflixerunt, in ipsos manus inicientes
temere violentas, litterasque nostras citatorias ab eorum manibus
eripiendo et ipsas per violenciam occupando; deinde prefatum
rectorem de Ceryton' a prefato collega suo violenter divisum
versus mare ducentes quin pocius trahentes invitum, nunc hac nunc
illac enormiter inpellentes et palmis ac pugnis undique percucientes
aliaque inferentes eidem enormia, que nunc optentu ruboris non
inmerito duximus subticere.   Hiis eciam ignominiosis actibus non
contenti ipsum insontem coram majore dicti municipii supra litus
maris astante et predictas molestias conspiciente inferri invitum
trahentes sistebant, et per eum inproperatus et derisus tandem in
conspectu populi ridiculosis illusus objectis tremens abiit, et
formidans ne Sathane satellites memorati in ipsum atrocius atque
animosius irruerent iterato; que omnia non absque ope consilio et
assensu majoris et communitatis dicti municipii cornu quoque
communi sonato et ad hoc non modica dicte communitatis multitudine congregata ipsisque scientibus et prohibere valentibus fuerat
perpetrata, prout inquisicionibus auctoritate nostra super hoc nuper
factis per nonnullos intelleximus fidedignos.   Et quamvis tam
perniciosi sceleris opere pariter et exemplo factores ipsorumque
            auctores complices et fautores in majoris excommunica-
[Fo. 236.] cionis sentenciam declaraveri|mus dampnabiliter et suadente
            diabolo incidisse, et sic [1] excommunicatos fuisse et esse
fecerimus publice nunciari, quod ad ipsorum noticiam non ambigitur
hactenus pervenisse ; ipsi nichilominus magis ac magis laxantes
ad impia noxios appetitus in rebellione concepta persistunt et
tanquam precisi vigorem vilipendere non [2] pavescunt ecclesiastice
discipline, quin eciam Cantuariensi ecclesie matri sue pejora retribuunt quam serpens in sinu rependat hospiti vel eciam mus in
pera.   Quia igitur secundum canonicas sanctiones quedam sunt
culpe in quibus culpa est vindictam debitam relaxare, ne nil
obediencia prodesse videatur humilibus si contemptus contumacibus
non obesset, tibi in virtute obediencie firmiter injungimus et
mandamus quatinus omnes et singulos malefactores predictos
necnon auctores complices et fautores eorum juxta formam
mandati nostri prioris in hac parte tibi directi excommunicatos
esse publice denuncies et facias nunciari, donec a nobis exinde
habueris aliud in mandatis.   Et quia dicti major et communitas
Dovor', quos in premissis ut superius tangitur intelleximus esse reos,

---

[1] MS. sit.   [2] MS. repeats non.

citari nequeunt in suis domiciliis Dovor' ubi larem fovere noscuntur absque corporis periculo graviori prout ex preteritis quoque violenter presumere possumus in presenti, dictos majorem et communitatem seu ipsius communitatis cyndicum die dominica proxima nunc instante in ecclesia predicta coram clero et populo inibi congregato intra missarum solempnia proposito publice citacionis edicto amicisque et vicinis eorum si qui inveniantur ibidem denunciato peremptorie citari procures, quia dictus major per se vel per procuratorem, communitas vero predicta per cyndicum, sufficienter instructos proximo die juridico post festum sancti Mathie apostoli, ubicumque tunc in civitate diocesi vel provincia Cantuariensi fuerimus, compareant coram nobis vel commissariis nostris precise et peremptorie proposituri et eciam ostensuri canonicum si quid eis in hac parte valeat suffragari, quare contra ipsos et dictum municipium ad interdicti sentenciam promulgandam et ad alia remedia contra tam obstinatos tamque notorios sancte matris ecclesie contemptores prodita procedere minime debeamus, ulteriusque facturi audituri et recepturi cum continuacione et prorogacione dierum juxta qualitatem et naturam negocii quod justum fuerit et consonum equitati. Denuncians puplice et expresse quod sive venerint sive non, contra eos non comparencium absencia, dei repleta presencia, quantum de jure possumus procedemus. Quid autem feceris in premissis nos dictis die et loco certifices per tuas patentes litteras harum seriem continentes. Datum apud Wengham xvi kal. Marcii anno domini M. [*blank*].

[*February 14th, 1298. Citation to the mayor and community to appear before the Archbishop on the next law day after the Feast of St. Matthias (February 24th).*]

CITACIO MAJORIS ET COMMUNITATIS DOVERIENSIS RACIONE INJURIE NUNCIIS ILLATE.—Robertus et cetera majori et communitati, municipii Dovor' spiritum consilii sanioris. Plures ab olim degeneres et cetera. Cumque dicti rectores in prefato municipio jam exequi debite quod mandavimus incepissent, irruentes in ipsos notorie turbe Belial catervatim variis injuriis et contumeliosis opprobriis eosdem inhumaniter afflixerunt in ipsos manus inicientes temere violentas. Deinde prefatum rectorem de Ceryton' a dicto collega suo violenter divisum versus mare ducentes quin pocius trahentes invitum literas nostras citatorias in cyrotecis suis repositas ab ipsius manibus eripuerunt ipsasque per violenciam occupando et dictum rectorem nunc hac nunc illac enormiter inpellendo palmis ac pugnis ipsum undique percusserunt, et alia eidem intulerunt

enormia que in presenciarum ruboris optentu duximus subticere.
Hiis eciam ignominiis actibus non contenti ipsum insontem coram
te majore predicto supra litus maris tunc astante et pre-
[Fo. 236ᵛ.] dictas | inferri molestias conspiciente invitum trahentes
sistebant, qui per te inproperatus et derisus minis eciam
mortis atrocibus a te sibi illatis, tandem in conspectu populi
ridiculosis illusus objectis tremens abiit, et formidans, ne Sathane
satellites memorati in ipsum atrocius atque animosius irruerent
iterato; que omnia non absque ope consilio et assensu tuo et communitatis predicte cornu quoque vestro communi sonato et ad hoc
non modica vestre communitatis multitudine congregata vobisque
scientibus et prohibere valentibus fuerant perpetrata, prout inquisicionibus auctoritate nostra super hiis rite et legitime nuper factis
per nonnullos intelleximus fidedignos. Et quamvis tam perniciosi
sceleris opere pariter et exemplo factores ipsorumque auctores
complices et fautores in majoris excommunicacionis sentenciam
declaraverimus dampnabiliter et suadente diabolo incidisse, sic
excommunicatos fuisse et esse fecerimus publice nunciari, quod ad
ipsorum noticiam non ambigitur hactenus pervenisse; ipsi nichilominus magis ac magis laxantes ad impia noxios appetitus in
rebellione concepta persistunt et tanquam precisi vigorem
vilipendere non pavescunt ecclesiastice discipline, quin eciam
Cantuariensi ecclesie matri sue pejora retribuunt quam serpens in
sinu rependat hospiti, vel eciam mus in pera. Quia igitur
secundum canonicas sanctiones quedam sunt culpe in quibus culpa
est vindictam debitam relaxare, ne nil obediencia prodesse videatur
humilibus si contemptus contumacibus non obesset, omnes et
singulos malefactores predictos necnon auctores complices et
autores eorum adhuc ex habundanti sic excommunicatos esse
vobis notificamus et publice nunciamus. Et quia vos major et
communitas sepefati, quos in premissis prout superius memoratur
intelleximus esse reos, in vestris domiciliis Dovor' ubi larem fovetis
citari nequitis absque corporis periculo graviori sicut ex preteritis
violenter presumere possumus in presenti, vos majorem et communitatem seu communitatis syndicum hoc nostre citacionis edicto
publice emisso et ut ad omnium ac singulorum noticiam deveniat in
conspectu tocius populi pro rostro patenter appenso peremptorie
citamus quod tu major per te vel per procuratorem, communitas
vero per cyndicum, sufficienter instructos compareatis coram nobis
vel commissariis nostris proximo die juridico post festum sancti
Mathei apostoli, ubicumque tunc in civitate vel diocesi nostra
Cantuariensi fuerimus, precise et peremptorie proposituri et

ostensuri canonicum si quod vobis in hac parte valeat suffragari, quare contra vos et dictum municipium ad interdicti sentenciam promulgandam et ad alia remedia contra tam obstinatos tamque notorios sancte matris ecclesie contemptores prodita procedere minime debeamus, ulteriusque facturi audituri et recepturi cum continuacione et prorogacione dierum juxta qualitatem et naturam negocii quod justum fuerit et consonum equitati. Denunciamus eciam vobis puplice et expresse quod sive veneritis sive non, contra vos non comparencium absencia dei repleta presencia quantum de jure possumus procedemus. Datum apud Wengham xvj kal. Marcii et cetera.

———

[*Undated. Instruction to the Bishop of Norwich to collect the tenth for national defence against the Scots, also from exempt monasteries, alien priories and nunneries, and send it under safe conduct to London.*]

INFORMACIO NORTWYCENSIS AD COLLIGENDAM DECIMAM PRO DEFENSIONE ECCLESIE AB EXEMPTIS ALIENIGENIS ET MONIALI-BUS.—Robertus et cetera venerabili fratri in Christo domino . . episcopo Norwycensi salutem et fraternam in domino caritatem. Ea que scripsistis vobis ex parte nostra per magistrum Hamonem de Gatelen' nunciata fuisse. Idem magister H. pro certo recepit a nobis referenda vobis fideliter ex injuncto in quorum execucione vestram in domino diligenciam propter promocionem communis utilitatis non inmerito commendamus, vobis signantes quod infra mensem post tractatum nostrum Londonie pro solucione [Fo. 237.] comitibus facienda contractis | particularibus mutuis cum diversis quadringentas et triginta marcas ne deficeremus aliqualiter in promisso fecimus provideri, preter trescentas triginta marcas quas solvimus pro decima nos specialiter contingente. Ceterum contra exemptos quorum meministis, qui in predicto tractatu una cum prelatis et aliis in decima colligenda per locorum dyocesanos in singulis dyocesibus pro se et suis conventibus unanimiter con-senserunt, cujus virtute consensus in hoc saltim articulo dici possent jurisdictioni ordinarie subjacere, per censuram ecclesiasticam sicut contra alios videretur probabiliter procedendum, quibus eciam poterit comminari, quod nisi una cum aliis satisfecerint de decima ordinata, non participabunt in aliquo de impetrandis in curia Romana per nuncios nostros pro negociis communibus nuper missos, et quod contra eosdem auxilium invocabitur seculare. Alienigene vero in tam necessaria contribucione pro communi defensione ubi proprium cujusque versatur interesse non sunt aliqualiter excusandi, quin pro modo facultatum suarum ad deci-

mandum cum aliis compellantur, cum nedum res ipse sed et persone
in tantis essent periculis exponende. Preterea moniales qui a
prestacione decimarum in subsidium terre sancte concessarum per
litteras venerabilium fratrum nostrorum . . Lyncolniensis et Wyntoniensis episcoporum reputabantur exempte, nequaquam in hoc
casu deberent esse inmunes, cum major ratio nedum ad defensionem
ecclesie et regni generalem sed ad sui ipsius cujusque tuicionem
necessitas contribucionem specialiter a singulis aliqualem deposcat,
circa quas exactionem hujusmodi decime considerata ipsarum
indigencia poteritis moderari. A via mittendi cum litteris nostris
pro pecunia in singulis dyocesibus recollecta ex certis causis et
urgentibus est recessum, unde id quod collectum habetis sub
salvo conductu London' transmittatis, sumptuum vestrorum juxta
arbitrium consciencie vestre cui in majoribus esset standum prout
rationabile fuerit retencione utentes. Valete. Datum [*blank*].

[*February 14th, 1298. Mandate to the rectors of St. Dunstan and St. Magnus,
London, on account of the maladministration of the estate of the late Henry
Box, by one of the executors, his widow Juliana, to act as executors with the
other executor, and carry out the provisions of the will.*]

SUBROGACIO QUORUNDAM EXECUTORUM BONORUM H. BOX
LOCO SUSPECTI EXECUTORIS AMOTI.—Robertus permissione dilectis
filiis domino Johanni sancti Dunstani et magistro Galfrido sancti
Magni London' ecclesiarum rectoribus salutem graciam et benedictionem. Quia in negocio testamentario quod super administracione
bonorum quondam Henrici Box civis Londoniensis coram nobis ex
officio vertebatur, Julianam relictam dicti Henrici et coexecutricem
ipsius testamenti nedum de mala administracione eorundem bonorum
invenimus suspectam, quin pocius ipsa[1] bona in magna quantitate dilapidasse et ex levitate quadam in usus illicitos consumpsisse,
ipsamque[2] ob id ab eadem administracione legitime amoverimus
justicia suadente, de vestra circumspecta industria confidentes, vobis
conjunctim et divisim damus et concedimus tenore presencium
specialem et liberam potestatem, una cum Thoma Cros executore
testamentario ejusdem coram nobis jurato revocandi dicta bona ut
premittitur dilapidata ac exequendi ultimam voluntatem dicti
defuncti cum Rogero de Appelby cujus consilio et auxilio utamini

------

[1] MS. ipsi.
[2] The words 'ipsamque ... justicia' underlined with a hand drawn in the
margin. Also in a different hand 'Nota pro jure decani', and again in another
hand ' prerogativ '.

in premissis ; deputantes vos coexecutores ejusdem testamenti, et liberam administracionem omnium bonorum ejusdem defuncti secundum ultimam voluntatem ipsius vobis ut premittitur committentes audicione nobis finalis compoti reservata. Datum apud Wengham xvj kal. Marcii.

[*February 14th, 1298. Notification to the dean of Arches that the Archbishop has appointed the rectors of St. Dunstan and St. Magnus as executors of the will of the late Henry Box in the place of the widow, and instruction to him to take an oath from them to act faithfully and to hold an inquisition himself into the maladministration of the estate.*]

DECANO DE ARCUBUS UT LIBERENTUR ET SOLVANTUR BONA DEFUNCTI EXECUTORIBUS SUBROGATIS.—Robertus permissione et cetera dilecto filio . . decano ecclesie beate Marie de Arcubus London' salutem graciam et benedictionem. Cum nuper in negocio testamentario quod super probacione testamenti quondam Henrici Box civis Londoniensis defuncti ac super administracione bonorum ejusdem coram nobis ex officio vertebatur, Julianam relictam dicti Henrici et coexecutricem testamenti ipsius dum propter suam negligenciam in administracione bonorum dicti defuncti tum propter malam administracionem et eorundem bonorum dilapidacionem de quibus nobis evidenter constabat ab administracione predicta non inmerito amoverimus, et dilectos filios nostros ecclesiarum sanctorum Dunstani et Magni London' rectores ejusdem testamenti dederimus et deputaverimus executores ad administran-
[Fo. 237ᵛ.] dum | libere in bonis predictis, una cum Thoma Cros executore testamentario coram nobis jurato de diligenti juvamine in revocacione bonorum dicti defuncti dilapidatorum [1] dictis Thome et Rogero prestando de consilio Rogeri de Appelby similiter jurati [2] ad fideliter coadunandum et consulendum eosdem coram nobis jurati, vobis mandamus quatinus recepto ab eisdem rectoribus juramento de pleno inventario faciendo de omnibus bonis ejusdem defuncti et de administrando bene et diligenter in eisdem ac de fideli compoto reddendo cum fuerint requisiti, liberam bonorum ejusdem defuncti administracionem ipsis permittatis non obstante sequestro prius interposito in bonis predictis ; monentes et efficaciter inducentes ac per quamcumque censuram ecclesiasticam si necesse fuerit legitime compellentes dictam Julianam, Ricardum de Lud' et omnes alios quoscumque bonorum ejusdem defuncti detentores quod eadem bona dictis executoribus reddant et restituant sine

---

[1] MS. dilapidatis.   [2] MS. repeats jurati.

mora. Ad hec quia Ricardus de Lud' personaliter juratus a nobis interrogatus negavit expresse se sequestrum nostrum in dictis bonis interpositis nequaquam violasse se gratis in hoc nostre inquisicioni submittens, vobis mandamus quatinus super hoc ac super aliis violatoribus si qui fuerint per viros fidedignos, qui premissorum veritatem magis scire presumuntur, diligenter inquiratis quam cicius poteritis veritatem, denunciato prius eidem Ricardo quod eidem inquisicioni intersit si sibi viderit expedire. Quam inquisicionem ad proximum diem juridicum post festum sanctarum Perpetue et Felicitatis ubicumque tunc et cetera nobis sub sigillo vestro fideliter transmittatis inclusam; citantes eundem R. et alios quos per inquisicionem hujusmodi culpabiles inveneritis in hac parte quod eisdem die et loco coram nobis compareant publicacionem hujusmodi visuri facturique ulterius et cetera. Datum ut supra.

[*March 1st, 1298. Instruction to the Bishop of Exeter to collect the tenth for national defence against the Scots, also from Templars, Hospitallers and other exempt houses.*]

INFORMACIO EXONIENSIS SUPER COLLECTIONE DECIME AB EXEMPTIS ET ALIENIGENIS.—Robertus permissione et cetera venerabili fratri domino . . dei gracia Exoniensi episcopo salutem et fraternam in domino caritatem. Cum decima pro defensione necessaria ecclesie Anglicane et regni Anglie a prelatis et clero nostre Cantuariensis provincie pro communi periculo evitando, ubi proprium cujusque interesse versatur, maxime cum ad hoc laycorum non suppeterent facultates, unanimiter fuisset concessa sub certo modo auctoritate dumtaxat ecclesiastica colligenda, expedire censemus quod vos religiosos alienigenas vestre diocesis ad solvendum decimam predictam de bonis ecclesiasticis que percipiunt ultra certum quod regi annuatim persolvunt sicut et alios compellatis, non obstante mandato regio vobis in contrarium super hoc directo, nostri exemplo qui hoc idem quo ad hujusmodi alienigenas fecimus non obstantibus regiis brevibus de quibus nobis scripsistis, ac inposterum faciemus cum nedum res ipse sed et persone in tantis forent periculis exponende. Templariis vero et Hospitalariis denunciatum fuisse sicut et aliis exemptis singularum diocesium per certificatoria intelleximus quod congregacioni nostre cujus meministis una cum aliis interessent; et licet hujusmodi exempti non ita communiter sicut et alii in eadem congregacione convenissent, tamen ut a fidedignorum relatu communi recepimus, omnes ordinacioni dicte decime consenserunt; cujus virtute consensus contra eos in hoc saltim articulo ordinarie jurisdictioni subjectos per coherciones ecclesiasticas sicut contra alios videtur probabiliter procedendum. Tamen si in contribucione none partis temporalium suorum cum laicis concurrant, de residuis bonis spiritualibus eorundem est decima tantummodo petenda. Alioquin de omnibus bonis suis ecclesiasticis temporalibus et spiritualibus sicut ab aliis districtius exigenda, quibus eciam debetis comminaciones inferre, quia nisi cum aliis in tam communi necessitate decimam contribuant ante-dictam, non gaudebunt nec aliqualiter participabunt libertatibus et inmunitatibus in curia Romana per nuncios nostros communes super hoc nuper missos communibus sumptibus impetrandis. Et [Fo. 238.] similiter quod contra eos utilitatem rei publice | inpedientes auxilium invocabitis seculare. Hec vobis rescribimus consulendo quod nos exequi proponimus in eisdem. Valete semper in Christo. Datum apud Wengham kal. Marcii.

[*February 27th, 1298. Mandate to the official of the Archdeacon of Canterbury to publish the sentence of excommunication against those persons who set fire to the church of Lenham, to hold inquiry for their names, and summon them to appear before him.*]

PUPLICACIO SENTENCIE EXCOMMUNICACIONIS CONTRA INCEN-DIARIOS ECCLESIE DE LENHAM.—R. permissione et cetera officiali archidiaconi Cantuariensis salutem et cetera. Querelam dilecti filii Abbatis sancti Augustini Cantuariensis gravem recepimus conti-nentem quod quidam iniquitatis filii sue salutis inmemores odii et iracundie facibus succensi in inferendis injuriis secundum maliciam preconceptam verentes palam et publice deprehendi nonum vindicte supplicium spiritu diabolico exercentes ecclesiam de Lenham sibi appropriatam et domos suas pertinentes ad eandem ignis clanculo inmissi voragine combusserunt, bladaque sua et alia quamplurima bona in eisdem domibus ecclesie reposita penitus consumpserunt; quos tam ingentis et horribilis sacrilegii auctores eorumque com-plices et fauctores non ambigitur in majoris excommunicacionis sentenciam a canone promulgatam incidisse dampnabiliter ipso facto. Cum igitur tam detestandi sceleris admissum quamplurimum perniciosum exemplo relinqui non debeat inpunitum, ut metu pene eorundem in publicam nocionem deducte alii a similibus facilius arceantur, tibi firmiter injungendo mandamus quatinus omnes hujus-modi sacrilegos incendiarios omnesque tanti facinoris auctores et auxilium vel consilium prestantes eisdem sic excommunicatos ipso facto fuisse et esse in singulis ecclesiis dicti archidiaconatus diebus solempnibus et festivis in majori congregacione cleri et populi

publice et solempniter denunciari procures. Et nichilominus de
ipsorum nominibus diligenter inquiras et per alios inquiri facias de
nominibus dictorum sacrilegorum, et quos in hac parte culpabiles
aliqualiter inveneris vel notatos cites eosdem vel citari facias
peremptorie quod compareant coram te, diebus et locis quibus
videris expedire, precise et peremptorie proposituri et ostensuri
quare tam sacrilegi et ecclesie incendiarii ac violatores nominatim
excommunicati minime debeant publicari, et mandari ab omnibus
artius evitari, donec injuriam passis congrue satisfecerint dampnaque
resarcierint sic illata absolucionisque beneficium a sede apostolica
seu ipsius auctoritate speciali meruerint optinere. Et quid feceris
in premissis cum per dictam partem querelantem congrue fueris
requisitus nos plene certifices per tuas patentes litteras harum
seriem continentes. Datum apud Wengham iiij kal. Marcii.

*[February 27th, 1298. Mandate to the Bishop of Lincoln to abolish the evil
custom at the Benedictine nunnery of Stainfield by which the nuns were
obliged to take back even a fourth time any nun who had left the house and
lived scandalously.]*

Lyncoln' super abolenda [il]la consuetudine.—R. permissione et cetera venerabili fratri domino Lyncolniensi episcopo et
cetera. Ex quorundam insinuacione recepimus quibus esset fides
merito adhibenda quod in prioratu monialium de Steynefeld ordinis
sancti Benedicti vestre diocesis quedam prava consuetudo excrevit,
quod licet aliqua monialis ejusdem loci spreta religione et abjecto
habitu de monasterio ad seculum quacumque levitate ducta exierit
et cum scandalo manifesto in seculo peccaverit, ipsam redire volen-
tem post insolencias perpetratas ad eandem domum teneantur cetere
moniales usque ad quartam vicem admittere absque difficultate
quacumque. Et licet tam detestabilem corruptelam, si hactenus ad
vestram fuisset deducta noticiam, ex vigilanti sollicitudine quam
semper in cura vestra intelleximus vos gessisse visibiliter presumamus velle vos ex affectu radicitus extirpasse, quia tamen super
hoc infamia invalescit, fraternitatis vestre discrecionem hortamur in
domino quatinus hujusmodi abusum regulari professioni minime
congruentem correctionis recte tramite cessare de cetero faciatis et
funditus enervetis. Valete semper in Christo. Datum apud Wengham iij kal. Marcii.

*[February 27th, 1298. Notification to the dean of Arches that the Archbishop
has released the rector of St. Dunstan on account of age and ill health from
acting as an executor of the will of the late Henry Box, and has appointed
the rector of St. Anthony in his place.]*

Relevacio Rectoris Sancti Magni ab execucione testa-

MENTI BOX.—R. permissione et cetera salutem et cetera. Quia
dominum G. rectorem ecclesie sancti Magni Londonie quem
[Fo. 238ᵛ.] senium et corporalis | impotencia a gravibus sollicitudinibus
ultra curam animarum quam gerit non inmerito excusavit
ab onere administracionis bonorum et testamenti quondam Henrici
Box civis Londoniensis, quam nuper sibi et rectori sancti Dunstani
Londonie ac Thome Cros meminimus commisisse, duximus totaliter
relevare, et in locum ipsius sicut expedire credimus dominum
Thomam de Hasnell' rectorem ecclesie sancti Antonini Londonie
subrogare, vobis mandamus quatinus prefatis rectoribus sancti
Magni et sancti Antonini certis die et loco coram vobis super hoc,
una cum dictis executoribus convocatis hujusmodi administracionem
loco ipsius rectoris sancti Magni predicto rectori sancti Antonini
vice et auctoritate nostra sine more dispendio committatis, receptis
ab eodem sacramento de fideliter administrando in bonis predictis
una cum dictis coexecutoribus et fideli compoto reddendo cum
eisdem cum super hoc fuerit requisitus, dicto rectori sancti Magni
suam exoneracionem hujusmodi intimantes. Datum et cetera apud
Wengham tercio kal. Marcii.

---

*[February 26th, 1298. Mandate to the Bishop of Norwich to send all the money
collected for the tenth for national defence with the utmost speed and under
safe conduct to the New Temple in London to be delivered to the Treasurer
of the New Temple and the rector of Lambeth.]*

NORTWYCENS' SUPER SOLUCIONE CELERI DECIME COLLECTE.
—R. permissione salutem et cetera venerabili fratri domino . . dei
gracia Norwycensi episcopo salutem et fraternam in domino caritatem. Quia terminus solucionis stipendiorum comitum et baro-
num de decima bonorum ecclesiasticorum pro communi defensione
ecclesie et regni Anglie contra Scotos pro secundo termino jam
instat in Scocia vel ipsius finibus facienda in dominica medie
Quadragesime proxima nunc instanti, vestram fraternitatem attencius
duximus exorandam quatinus totam pecuniam quam de eadem
decima in vestra diocesi receperitis et habueritis recollectam omni
celeritate quo fieri poterit ad Novum Templum Londonie thesaurario ejusdem loci et rectori ecclesie de Lamheth' per nos ad recipiendum pecuniam ejusdem decime specialiter deputatis sub salvo
conductu mittatis integraliter liberandam, ut juxta promissum
nostrum dictis comitibus de eadem prout convenit satisfiat, sicut
honorem nostrum et coepiscoporum nostrorum dictam solucionem
fieri fideliter promittencium conservare volueritis ut optamus.

Valete semper in Christo. Datum apud Wengham iiij kal. Marcii
consecracionis nostre anno quarto.

———

[*Undated.   Certificate from the Archbishop that John de Bychedale, layman, was
the elder brother of the late Robert Bychedale.*]

TESTIMONIALES DE FRATERNITATE.—Omnibus sancte matris
ecclesie filiis ad quos pervenerit hec scriptura R. permissione
divina et cetera salutem in domino sempiternam. Noverit univer-
sitas vestra nos ex fidedignorum testimonio ad instanciam Johannis
de Bychedale layci nostre Cantuariensis diocesis coram nobis
juratorum et diligenter examinatorum plenius recepisse, quod
dictus Johannes fuit frater senior Roberti de Bichedale dicti le
Engleys, qui nuper apud Troys in Burgundia Senonensis diocesis
ut refertur diem suum clausit extremum, ex eisdem patre et matre
cum eodem Roberto in legitimo matrimonio procreatus, cujus
fraternitatis probacionem coram nobis legitime factam ut premittitur omnibus quorum interest significamus apercius per presentes.
In cujus rei testimonium et cetera. Datum apud Wyngham et
cetera.

———

[*March 1st, 1298.   Notification to the Bishop of Lincoln that Richard of Louth,
sub-deacon, and beneficed in his diocese, has been found guilty in the Archbishop's court of fornication and adultery, and for other crimes also has been
pronounced unfit to hold any benefice, and mandate to the Bishop to see that
Richard is deprived of his benefices if he holds any.*]

EXECUCIO DEMANDATA LYNCOLN' SUPER IRREGULARITATE ET
PRIVACIONE RICARDI DE LUDA.—Robertus et cetera venerabili
fratri domino . . dei gracia Lyncolniensi episcopo salutem et
fraternam in domino caritatem. Cum in negocio correctionis moto
judicialiter ex officio nostro contra Ricardum de Luda clericum in
subdiaconatus ordine constitutum ecclesiasticaque beneficia in vestra
diocesj prout intelleximus optinentem nobis legittime constiterit per
confessionem ejusdem Ricardi sepius coram nobis in judicio sponte
factam, ipsum cum Juliana relicta quondam Henrici Box civis
Londoniensis vidua in subdiaconatus ordine infra dimidium annum
proximo jam preteritum de facto matrimonium contraxisse et postmodum eandem se carnaliter cognovisse, ac cum Margeria Skip et
cum Johanna uxore Ricardi Peyforer de Cantuaria fornicacionem
et adulterium publice commisisse, necnon sponte et scienter in
responsionibus coram nobis factis sepius perjurium incurrisse, sicut

ex confessionibus suis et responsionibus in virtute juramenti sui de
veritate dicenda coram nobis prestiti judicialiter ad inter-
[Fo. 239.] rogatoria nostra factis | plenius continetur ; nosque con-
sideratis premissis ex hujusmodi temerario contractu cum
vidua propter affectum intencionis cum opere subsequto, ac racione
multiplicati perjurii et ex aliis certis causis coram nobis sufficienter
detectis, advertentes ipsum Ricardum notam irregularitatis procul-
dubio incurrisse et omni beneficio ecclesiastico se indignum totaliter
reddidisse, pronunciaverimus ipsum Ricardum inhabilem esse ad
quodcumque beneficium ecclesiasticum optinendum in posterum
seu aliqualiter retinendum ; insuper et omni beneficio ecclesiastico
si quod haberet ipsum privandum fore decreverimus et de premissis
excessibus convictum eciam per sentenciam privaverimus justicia
suadente, fraternitati vestre mandamus quatinus dictum Ricardum
sic inhabilem et privatum publicetis et publicari solempniter faciatis
locis et temporibus quibus videritis expedire. Denuncietis insuper
patronis beneficiorum suorum ecclesiasticorum, si que optinet in
vestra diocesi, quod eisdem tanquam vacantibus de personis ydoneis
sine more dispendio quatenus ad eos attinet provideant competenter.
Et vos quo ad amocionem dicti Ricardi quatenus de facto de
eorum possessione incumbit, officii vestri debitum exequimini cum
effectu. Et quid feceritis de premissis nos quamcicius poteritis
oportune per vestras litteras patentes harum tenorem habentes
cerciores reddatis. Datum apud Wengham kal. Marcii.

[*March 1st, 1298. Notification by the Archbishop to the Prior and convent of
Dover that he has laid an interdict on Dover, and that they are excepted from
it and may hold services on certain specified conditions.*]

DECLARACIO SENTENCIE INTERDICTI LATE IN DOVOR' MISSA
PRIORI SANCTI MARTINI EXTRA DOVOR'.—R. permissione et
cetera dilectis filiis priori et conventui monasterii sancti Martini
Dovor' salutem graciam et benedictionem. Cum nuper majorem et
communitatem atque municipium Dovor' et quicquid sub apellacione ejusdem municipii continetur sana suadente consciencia
jurisque vigore pulsante propter eorum excessus notorios et
enormes rite procedentes ecclesiastico supposuerimus interdicto, ac
vos et monasterium vestrum una cum familiaribus vestris obsequiis
inibi jugiter insistentibus de interdicto specialiter exceperimus
memorato, prout in hujusmodi interdicti sentenciam quam vobis
volumus esse notam potest luculencius apparere ; nos hujusmodi
excepcionis qualitatem formam pariter et effectum vobis per

presentes subsequenti moderamine dilucidius duximus declarandum,
ne crassis et supinis quorundam intellectibus et machinosis cavil-
lancium obfuscacionibus vilescat auctoritas canonice sanccionis, ut
videlicet excommunicatis et interdictis exclusis clausis januis non
pulsatis campanis, subpressa seu demissa voce quod audiri exterius
nequeatis divina possitis in vestro monasterio diebus singulis officia
celebrare familiaribus quoque presentibus, ut premisimus, non
exclusis nisi excommunicati vel interdicti nominatim fuerint aut
causam aliquam prebuerint, seu quicquam fraudis prefato ingesserint
interdicto. Vobis igitur mandamus in virtute obediencie firmiter
injungendo, quatinus prefatos majorem communitatem et municipium in forma prenotata interdictos et interdictum habentes
premissam declaracionem, quam vobis ad cautelam sub sigillo nostro
patentem transmittimus, in omnibus et singulis articulis vigilantibus
studiis observetis et eam quantum in vobis est faciatis obnixius
observari. Nulla insuper dictis excommunicatis seu interdictis
extra casus a jure permisso ministretis ecclesiastica sacramenta aut
eciam funera defunctorum hujusmodi ad sepulturam ecclesiasticam
aliqualiter admittatis, ne discipline ecclesiastice rupto nervo talia
delinquentibus concessa compendia suscessivis temporum curriculis
ad iniqua dispendia pertrahantur. Qualiter autem vos habueritis
in observacione premissorum nos distincte et aperte de omnibus
articulis supra scriptis certificetis ad plenum infra xvj dies a tempore recepcionis presencium per vestras litteras patentes harum
seriem continentes. Datum apud Eastry kal. Marcii.

---

*[February 28th, 1298. Mandate to the rector of Aldington to pay the second
instalment of the tenth for national defence to the Earl of Surrey and others.]*

[Fo. 239ᵛ.]

COMMISSIO FACTA RICARDO DE ALDYNTON' AD SATIS-
FACIENDUM COMITIBUS DE STIPENDIIS.—Robertus permissione
et cetera dilecto filio Ricardo de Apyndon' rectori ecclesie
de Aldynton' nostre diocesis salutem graciam et benedictionem.
Ad liberandum et distribuendum nomine nostro ac ceterorum
prelatorum et cleri nostre Cantuariensis provincie dominis comitibus infrascriptis et Henrico de Persy qui communi defensioni
ecclesie et regni Anglie nuper contra Scottorum assumpserunt
incursus, quinque milia septingentas lxviij marcas et x solidos
secundum divisionem particularem sequentem, videlicet domino
comiti marescallo M. cccc. iiij.^{xx} xix marcas xj s. viij d. Item domino
comiti de Garenne M. C. liij marcas x s. Item domino comiti

Gloucestrie M. C. liij marcas x s. Item domino comiti Hereford'
M. xxxviij marcas v s. Item domino comiti Warwyk' CCC. xlvj
marcas xx d. Item domino Henrico de Percy D. lxxvj marcas xj s.
viij d., pro secundo termino stipendiorum suorum ex parte ecclesie
prelatorum et cleri nostre provincie juxta convencionem cum eis
initam permissorum eisdem te ministrum ecclesie et nostrum
specialiter deputamus.   Insuper et ad recipiendum si necesse fuerit
a venerabili fratre nostro domino . . dei gracia Lyncolniensi
episcopo vel alio quem ad hoc assignaverit certam pecunie quantitatem de decima bonorum ecclesiasticorum sue diocesis premissorum occasione collecta ad perficiendam solucionem hujusmodi
stipendiorum defensoribus prenotatis, necnon ad faciendum eidem
domino . . episcopo litteras de recepto et quietancie de pecunia
quam receperis ab eodem, et ad recipiendum litteras refutatorias
quietancie et de soluto a singulis dictorum procerum de summa
pecunie ipsorum cuilibet in hac parte soluta plenam ac specialem
tibi tenore presencium concedimus potestatem. Datum apud
Wengham ij kal. Marcii anno domini et cetera.

[*March 3rd, 1298. Commission to the Archbishop's official, the Archdeacon of
   Middlesex, and others to hear the accounts of the executors of the late Archbishop Peckham.*]

COMMISSIO AUDIENDI RACIOCINIA DE BONIS FRATRIS J. DE
PECHAM AB EXECUTORIBUS SUI TESTAMENTI.—R. permissione
dilectis filiis magistris Willelmo de Sardenn' officiali nostro Cantuariensi, Radulpho de Mallingg' archidiacono Middlesex' Martino
commissario nostro Cantuariensi Willelmo rectori ecclesie de
Stureya et Willelmo rectori ecclesie de Bydendenn' salutem graciam
et benedictionem. Ad audiendum et recipiendum raciocinium
administracionis bonorum testamentum bone memorie fratris
Johannis de Peccham predecessoris nostri contingencium, a Nicholao
de Cnoville et Simone Greyll' de Maydestan' et de Godmersham
ecclesiarum rectoribus bonorum et testamenti predictorum executoribus, necnon ad cognoscendum de peticionibus et querelis
creditorum et legatariorum ac aliorum quicquam pro jure suo
proponencium in negocio memorato ipsasque fine debito termi-
nandum et debitores defuncti ipsius plenarie liberandum, vobis cum
cohercionis canonice potestate vices nostras committimus per
presentes finalem absolucionem predictorum executorum ab onere
administracionis prefate ac expedicionem controversiarum seu
difficultatum si que inter dictos executores emerserint, nobis
specialiter reservantes. Quod si non omnes hiis exequendis

volueritis vel poteritis interesse, duo vestrum una cum dicto magistro Willelmo officiali nostro ea nichilominus fideliter exequantur. Datum apud Moneketon' in insula de Taneto v non. Marcii.

———

[*March 12th, 1298. Mandate to the official of the Archdeacon of Canterbury to publish the interdict on Sundays and festivals at mass in every church of the diocese, and to prohibit all rectors, vicars and parish priests from ringing the bells or celebrating mass in the presence of any inhabitant of Dover.*]

AD PUPLICANDUM SENTENCIAM INTERDICTI CONTRA DOVORIENSES ET AD INQUIRENDUM DE VIOLATORIBUS EJUSDEM.—Robertus et cetera officiali archidiaconi Cantuariensis salutem graciam et benedictionem. Cum nuper ad decanatum Dovor' causa visitacionis inibi exercende prout nostris incumbit humeris disposuerimus personaliter declinare, et ob hoc dilectis in Christo filiis magistro Willelmo le Archer et Roberto de Glaston' de Saltwode et de Ceriton' nostre diocesis ecclesiarum rectoribus nostris dedimus litteris in mandatis ut ad Dovor' accedentes certos de eodem municipio fidedignos per quos super corrigendis et reformandis excessibus subditorum nostrorum dicti municipii plenius veritas sciri posset, ad certos diem et locum ejusdem decanatus satis insignem peremptorie citarent, visitacionem nostram congrue recepturos, iidemque rectores in prefato municipio jam exequi debite quod mandavimus incepissent, irruentes in ipsos turbe Belial variis injuriis eosdem inhumaniter afflixerunt in ipsos inicientes manus temere violentas; deinde prefatum rectorem de Ceryton' a dicto collega suo violenter divisum versus mare t[r]axerunt invitum, et nunc hac nunc illac enormiter impellentes et palmis ac pugnis ipsum undique percucientes litteras nostras hujusmodi citatorias ab ipsius manibus eripiendo, ipsas per violenciam occuparunt ac alia quamplurima enormia intulerunt eidem qui nunc pro pudore non immerito duximus subticere; que omnia non absque ope consilio et assensu majoris supra litus maris tunc [Fo. 240.] astan|tis et predictas molestias conspicientis inferri, necnon et communitatis dicti municipii cornu quoque communi sonato et ad hoc quasi tota dicte communitatis multitudine congregata ipsisque scientibus et prohibere valentibus fuerant perpetrata, prout nobis legitime constat, ipsaque patrati sceleris notorietas nulla tergiversacione celari vel probabiliter negari permittit, et licet tam perniciosi sceleris opere pariter et exemplo factores ipsorum auctores complices et fautores in majoris excommunicacionis sentenciam dampnabiliter incidisse declaraverimus, et

sic excommunicatos in genere fuisse et esse fecerimus publice
nunciari quod ad ipsorum noticiam non ambigitur hactenus pervenisse. Quia tamen ipsi in sua rebellione nichilominus persistentes
et tanquam precisi magis ac magis vigorem contempnere non
pavescebant ecclesiastice discipline, dictos majorem et communitatem seu ipsius communitatis syndicum ad certum diem
coram nobis fecimus ad judicium evocari, ad proponendum precise
et peremptorie et quatenus jus pateretur ostendendum canonicum
si quod eis competenter in hac parte, quare contra ipsos et dictum
municipium ad interdicti sentenciam promulgandum et ad alia juris
remedia contra tam obstinatos tamque notorios sancte matris ecclesie contemptores prodita procedere minime deberemus. Cumque
die et loco sibi assignatis sufficienter comparere juxta formam
citacionis predicte in publicam nocionem deducte seu quicquam
canonicum in hac parte pro se proponere vel ostendere non curas-
sent, nos omnem ulcissi inobedienciam prompti secundum apostolicum
existentes deliberacione prehabita cum peritis dictos majorem et
communitatem totumque municipium Dovor' et quicquid sub
apellacione ipsius municipii continetur, castro Dovor' dumtaxat
excepto, ecclesiastico supposuimus interdicto, ac preter baptismata
parvulorum et penitencias moriencium juxta canonicas sancciones
sacramenta ecclesiastica eisdem interdiximus universa. Quocirca
tibi in virtute obediencie et sub pena canonice districcionis firmiter
injungendo mandamus, quatinus in singulis ecclesiis dicti archidiaconatus diebus dominicis et aliis festivis proximis a tempore recepcionis presencium intra missarum solempnia coram clero et populo
hujusmodi sentenciam nostram interdicti in singulis suis articulis
palam et distincte solempniter publices et facias per alios publicari.
Inhibeas infra et facias publice inhiberi sub pena juris omnibus et
singulis rectoribus vicariis et presbiteris parochialibus archidiaconatus predicti ne quis in presencia alicujus de dicto municipio
campanas pulsare seu divina audeat celebrare, vel aliqua sacramenta
ecclesiastica seu sacramentalia extra casus permissos alicui ipsorum
aliqualiter ministrare, et hoc idem singulis religiosis ejusdem
archidiaconatus denunciari manifestius non omittas. Et nichilominus de violatoribus hujusmodi interdicti et venientibus in aliquo
contra inhibicionem predictam diligenter inquiras et inquiri facias,
et quos culpabiles in premissis quoquomodo inveneris seu notatos,
cites vel citari facias eosdem peremptorie quod compareant coram
nobis certo die per te ipsis assignando ubicumque et cetera, quare
contra eos tanquam interdicti hujusmodi violatores et ecclesiastice
discipline contemptores procedi non debeat specialiter precise et

peremptorie propositiori, et quatenus jus exigit ostensuri, facturique
ulterius et recepturi quod justum fuerit et consonum equitati. De
die vero recepcionis et quid feceris in premissis nos quamcicius
oportune distincte certifices et aperte per tuas patentes litteras et
cetera. Datum apud Raculure iiij idus Marcii anno domini et
cetera consecracionis nostre quarto.

---

*[March 13th, 1298. Mandate to the dean of Westbere and the vicar of Reculver,
after an inquiry about the boundaries of the parishes of St. Nicholas and All
Saints in the Isle of Thanet, to admonish the inhabitants of North Street
that they are bound to fulfil their obligations as parishioners of the chapel of
All Saints under penalty of excommunication.]*

MONICIO PAROCHIANORUM CAPELLE OMNIUM SANCTORUM DE
TANETO.—R. permissione divina Cantuariensis et cetera dilectis
filiis decano de Westbere et vicario ecclesie de Raculure salutem et
cetera. Cum jam dudum dilecti filii magistri Robertus[1] de Ros
cancellarius noster et Thomas de Upton' nostri auditores seu com-
missarii generales, inspectis diligenter tam inquisicione quam aliis
munimentis super finibus parochiarum sancti Nicholai et Omnium
Sanctorum de capella Insule de Taneto a matrice ecclesia de
Raculure dependencium auctoritate bone memorie fratris Johannis
de Pecham predecessoris nostri factis, invenerunt quod strata que
vocatur Northstret' a domo quondam Johannis ad Aulam usque ad
domum Ricardi le Rydere, et terre ex utraque parte ejusdem strate
in parochia Omnium Sanctorum supradicta consistunt, ac quatenus
ex hiis conjicere poterant, sentencialiter declaraverunt quod dicta
strata et omnes terre ab utroque latere adjacentes eidem in parochia
capelle Omnium Sanctorum quo ad ea que jure parochiali debentur
intendant, et parochiani alia jura per omnia tribuant et persolvant,
quousque per alia documenta de contrario legitime poterit
[Fo. 240ᵛ.] apparere; ac de premissis nuper in visitacione | nostra
discussione habita inter parochianos dictarum capellarum
nichil exhibitum fuerit vel ostensum quare hujusmodi declaracioni
stare minime debeamus, et ipsam execucioni debite demandare, vobis
et alteri vestrum conjunctim seu divisim sub pena excommunicacionis firmiter injungendo mandamus quatinus domos et terras
ex utroque latere dicte strate tenentes moneatis et efficaciter inducatis, quod dictam capellam Omnium Sanctorum tanquam eju[s]dem
parochiani divina audiendo sacramenta et sacramentalia et cetera
jura parochialia ibidem percipiendo exercere in posterum non

---

[1] MS. Roberti de Ros cancellarii nostri.

desistant, sub pena excommunicacionis majoris quam ex nunc in hiis scriptis proferimus in rebelles, nisi tales fuerint hujusmodi terras tenentes qui aliarum ecclesiarum parochiani racione domicilii, vel majoris partis fortunarum suarum merito sint censendi ; quos eciam ad contribuendum fabrice ipsius capelle Omnium Sanctorum cum necesse fuerit et ad alias solitas et laudabiles prestaciones pro rata suarum terrarum et possessionum in eadem parochia subeundum, una cum ceteris comparochianis artari pena volumus supradicta. Quam quidem excommunicacionis sentenciam omnes monicionibus vestris in hac parte parere nolentes post quindenam a tempore earundem· monicionum numerandam incurrere volumus ipso facto, et ab eo tempore sic excommunicatos fore per vos diebus solempnibus et festivis in utraque capella predicta publice nunciari. Quid autem feceritis in premissis seu fecerit alter vestrum nos citra festum Pasche certificetis vel alter vestrum certificet per litteras suas patentes harum seriem et rebellium nomina continentes. Datum apud Raculure ij idus Marcii consecracionis nostre anno quarto.

[*Undated. Letter*[1] *to the Bishop of London desiring him to give credence to Simon de Greylly. The letter is entered again on p. 245.*]

[*March 19th, 1298. Letter to Walter Langton, Bishop of Lichfield, the King's Treasurer, who had intercepted the rector of Aldington, and compelled him to pay the money due to the Earl of Surrey in London instead of at Newcastle. The Archbishop was greatly perturbed, and also because there was a deficit of a thousand marks from the amount due to the Earls. He begged the Bishop to provide Simon de Greylly with a safe-conduct to Newcastle.*]

LITTERE DE CREDULITATE COVENTR' DIRECTE EIDEM THESAURARIO.—R. permissione et cetera venerabili fratri domino Coventrensi et Lychfeldensi episcopo salutem et cetera. Solucio stipendiorum domini comitis Warenn' quam Londonie contra ordinacionem nostram et contra id quod eidem domino comiti per clericum nostrum in ultima missione pecunie versus Novum Castrum pro stipendiis secundi termini litteratorie significavimus, nuper fieri procurastis, nos inter cetera quam plurimum turbavit, una cum hiis que nobis scripsit nuper Ricardus de Apynton' clericus noster predictus, quem deputavimus ad ministrandum singulis comitibus et domino Henrico de Percy stipendia sibi pro secundo termino jam transacto, quod videlicet M. marce deficiebant

---

[1] In margin : Vacat quia post ea.

eidem ultra quantitatem a thesaurariis nostris Londonie et a venerabili fratre nostro domino Lyncolniensi episcopo receptam ad hujusmodi stipendia persolvenda. Qui quidem defectus nos tedet ad
immensum tum propter promissum nostrum quod non observamus,
tum propter dictorum comitum opinionem qui reputabunt nos vel
fallaces aut saltim negligentes ultra modum, et se, qui tantum onus
ob nostri fiduciam promissi assumpserunt vanis sponsionibus jam
delusos, quod quidem nullatenus contigisset nisi fratres vestri contra
condictum de prima solucione suarum dyocesium pecuniam quam
mutuarunt sic prepropere deduxissent. Remedium tamen quod in
tantum temporis artacione potuimus excogitare propensius adhi-
bentes fraternitatem vestram rogamus quatinus hiis, que Symon de
Greylly lator presencium ex parte nostra pro expedicione non tam
necessaria quam honesta hujus negocii referet viva voce, fidem
credulam adhibere velitis, et ea pro conservacione fidelitatis et
honore vestri ac nostri effectum debito mancipare, ac de salvo conductu residue pecunie adhuc solvende ad Novum Castrum prout
nostis utilius providere. Valete. Datum apud Chertham xiiij kal.
Aprilis anno domini M°. cc°. nonagesimo septimo consecracionis
nostre quarto.

———

[*Undated. Mandate to the treasurer of the Templars and to the rector of Lambeth to pay all the money in hand at the New Temple to Simon de Greylly,
and if they had not enough, to take up loans for the full amount, and to make
no further payment without a mandate.*]

[Fol. 241.]

THESAURARIO DECIME PRO LIBERACIONE PECUNIE SYMONI DE
GREYLI.—R. et cetera dilectis filiis thesaurario Novi Templi
Londonie et rectori ecclesie de Lamheth' salutem et cetera. Pecuniam totam, quam habetis de decima bonorum ecclesiasticorum pro
defensione ecclesie et regni Anglie recollectam, Symoni de Greylly
clerico Seniscallo nostro latori presencium liberetis ad mittendum
Ricardo de Apynton' clerico ad solvendum comitibus stipendia sua
pro secundo termino deputato ut de eadem si sufficiat alioquin una
cum alia mutuo providenda, et simul cum eadem mittenda perfici
valeat plenarie solucio supradicta ; recipientes ab eodem Symone
litteras acquietancie de eo quod eidem ad presens habueritis liberandum, caventes periculo vestro ne de cetero domino H. de Percy
vel alicui comiti aliquid pro hujusmodi stipendiis solvatis absque
mandato nostro et licencia speciali, nec de eo quod deest de solucione domini comitis Garennye quicquam ulterius solvatis adhuc
donec aliud habueritis in mandatis. Valete. Datum et cetera.

———

[*Undated. Letter to the rector of Aldington, instructing him to wait at New-castle for the balance of the money due to the Earls.*]

RECTORI DE ALDYNGTON' QUOD EXPECTET PECUNIAM SOL-VENDAM COMITIBUS.—R. et cetera dilecto filio Ricardo de Apynton' rectori de Aldynton' salutem et cetera. Receptis litteris tuis quam-plurimum admirabamur tum de solucione facta domino comiti Warenn' Londonie contra ordinacionem nostram, tum de tam modica quantitate recepta Londoniensi et Lyncolniensi, unde expectes apud Novum Castrum donec residuum veniat quod in brevi tibi mittere proponimus dante deo; animorum fastidia si qua conceperunt pro viribus sedando et promittendo in dies pecuniam residuam venturam eosdem que placando prout melius poteris pro nostri conservacione promissi quod observare cupimus et honoris Valete. Datum.

[*Undated. Letter to the Bishop of London, desiring him to give credence to Simon de Greylly.*]

LITTERE CREDENCIE DOMINO LONDONIENSI.—R. venerabili fratri domino Londoniensi salutem et cetera. Symonem de Greylly clericum et senescallum nostrum presencium portitorem in corde nimium anxiati pro communium expedicione negociorum ad vos mittimus credendum fiducialiter in hiis que ex parte nostra pro honore et comodo vestro et nostro vobis referet viva voce, fraternitatem vestram rogantes quatinus exponenda et petenda per eundem expedire velitis benivole sine mora, ne nos una vobiscum transgressores callidi[1] nostri promissi contra status et honoris nostri debitum reputemur. Valeat[1] et[1] cetera[1].

[*Undated. Letter to the Bishop of Bath and Wells admonishing him to release William Clon', a priest, vicar of the cathedral, who had appealed to the Arch-bishop's court, and should not have been imprisoned pending the appeal.*]

EXCITACIO BATHONIENSIS SUPER LIBERACIONE PRESBITERI INCARCERATI.—R. et cetera venerabili fratri domino . . Batho-niensi et Wellensi' salutem et cetera. Ex parte Willelmi de Clon' vicarii ecclesie vestre Wellensis presbiteri nobis extitit graviter conquerendo monstratum quod cum idem Willelmus in quodam negocio quod coram vobis vertebatur propter certa gravamina a vobis seu auditoribus vestris sibi illata ad curiam nostram Can-tuariensem per apellacionis sue remedium convolasset, vos ejusdem apellacionis occasione, quam paratus erat statim prosequi ut debebat,

---

[1] Omitted in the previous entry, cf. p. 243.

dictum Willelmum per vestros ministros domum suam vi ingressos de mandato vestro seu connivencia, ut pretenditur, male tractatum et usque ad sanguinis effusionem violenter pulsatum, et extra domum eandem extractum et per plateas civitatis Wellensis more inhumano publice in quodam debili tapeto portatum fecistis ut dicitur carcerali custodie mancipari, et carcerali inedia graviter permisistis hucusque torqueri, super quo a nobis petitur oportunum remedium adhiberi. Cum igitur non deceat aliquem in juris sui prosequcione per excogitatas forte malicias impediri et maxime apellantes in rebus capi vel personis dum prosequcione suarum apellacionum insistunt, vestram fraternitatem monemus et hortamur in domino quatinus si est ita dictum Willelmum ab hujusmodi vestro carcere quamcicius ea cautela quam convenit liberetis, ne nota transgressionis auctoritatis canonice vos contingat aliqualiter maculari hujusmodique factum aliis perniciose transeat in exemplum. Valeatis.

[Undated. Letter to the Bishop of London referring to the Archbishop's debts and the loans which he had been forced to take up to pay the money promised to the Earls, and commanding the Bishop to collect the rest of the money and pay it over by April 6th, and render a full account on the first law day after April 25th.]

CITACIO LONDONIENSIS AD REDDENDUM RACIOCINIUM DE PECUNIA DECIME SUE DYOCESIS PER IPSUM COLLECTA.—Robertus permissione et cetera venerabili fratri . . domino Londoniensi episcopo salutem et fraternam in domino caritatem. Quia ad satisfaciendum dominis comitibus et aliis, qui nuper in se necessarie deffensionis onus ecclesie et regni Anglie contra Scottorum incursus corditer assumpserunt, de stipendiis suis in primo et secundo terminis solucionis eorundem secundum convencionem ex parte ecclesie ubi laycorum non suppeterant facultates initam [Fo. 241ᵛ.] prout oportuit cum eisdem, statum nostrum prius eris | alieni pondere depressum propter remissam solucionem decime bonorum ecclesiasticorum cujuslibet dyocesis nostre provincie sub certa forma consensu unanimi ad hoc communiter ordinate mutua gravia contrahendo pro conservacione honoris ecclesie ac nostri promissi non modico discrimini supposuerimus iterato ac deterioris condicionis quam alii confratres et coepiscopi nostri, qui pro dicta solucione in nullo se aliquociens obligarunt, illorum ve qui sua mutua in primo termino collectionis hujusmodi decime in suis dyocesibus prepropere deduxerunt quamplurimum existamus, vobis mandamus in virtute obediencie firmiter injungentes quatinus in exactione prefate decime bonorum ecclesiasticorum vestre dyocesis secundum formam concessionis ejusdem exactam diligenciam per omnem cohercionem ecclesiasticam non parcendo dignitati ordini aut statui sine personarum dele[c]tu celeriter adhibere curetis. Ipsamque simul recollectam quatenus non est hactenus persoluta ad Novum Templum Londonie thesaurario ejusdem loci et rectori de Lamheth' ad recipiendum eandem assignatis in Paschate instanti sine ulterioris more diffugio transmittatis.   Citamus eciam vos peremptorie tenore presencium quod per vos seu per procuratorem sufficienter instructum compareatis apud Novum Templum Londonie proximo die juridico post festum sancti Marci Ewangeliste cum continuacione dierum sequencium usque ad finalem expedicionem negocii coram auditoribus ad hoc specialiter deputatis de collectione ac recepcione liberacione et solucione decime hujusmodi vestre diocesis raciocinia plenarie sicut convenit reddituri et responsuri super modo et numero collectionis recepcionis et solucionis decime memorate, ulteriusque facturi quod juri fuerit et consonum racioni. Et quid feceritis in premissis necnon et de rebellium in hac parte nominibus et hac occasione excommunicatorum vel alias punitorum nos seu auditores predictos supradictis die et loco distincte et aperte certificare nullatenus omittatis per vestras litteras patentes harum seriem continentes.   Datum.

[*April 8th, 1298.   Commission to Richard de Oteryngham to act as official for the diocese of Ely, during the vacancy of the see.*]

COMMISSIO OFFICIALITATIS ELYENSIS SEDE VACANTE MAGISTRO R. DE OTERINGHAM.—R. et cetera dilecto filio magistro Ricardo de Oteryngham rectori ecclesie de Seleford Elyensis diocesis salutem et cetera.   Quia episcopatum Elyensem recenter per mortem bone memorie Willelmi nuper episcopi ibidem cognovimus jam vacare, cujus diocesis jurisdictio dyocesana et exercicium jurisdictionis ejusdem tempore vacacionis hujusmodi ad nos dinoscitur pertinere, nos de tua industria et fidelitate confisi officialem dyocesis supradicte ad exercendum omnimodam jurisdictionem ad hujusmodi officialitatis officium pertinentem, tam in negociis quam in causis emersis inibi pendentibus et qualitercumque inposterum movendis dicta vacacione durante, te auctoritate metropolitica constituimus per presentes quousque aliud super hoc duxerimus ordinandum.   Instituciones vero ac destituciones et cetera que ad officium officialitatis memorate non pertinent nobis ex habundanti specialiter reservamus.   Datum in manerio nostro de

Aldynton' vj idus Aprilis anno domini M⁰.cc⁰. nonagesimo octavo consecracionis nostre quarto.

———

[*June 7th, 1295. General mandate to the clergy of the diocese and province of Canterbury, that whereas certain evildoers have infringed the rights of the Archbishop and the prior and chapter of Canterbury, and are thereby under sentence of excommunication, to make public announcement in their churches to all such persons to refrain from such acts in future, and seek absolution; to inquire for their names, and summon them to appear before the Archbishop.*]

GENERALIS DENUNCIACIO CONTRA VIOLANTES LIBERTATES ECCLESIE CANT'. INQUISICIO DE NOMINIBUS ET CITACIO.—R. permissione divina et cetera dilectis filiis universis archidiaconis, officialibus, decanis vicariis et rectoribus ecclesiarum per civitatem diocesem et provinciam Cantuariensem constitutis salutem et pacem in domino sempiternam. Quia nimis excresceret plurimorum audacia et in aliorum offensas eorum temeritas sepius insaniret si circa eos virga desisteret corrigentis, expedit ut providencia superioris malivolos ipsos a concepta rebellione cohibeat et de injuriose presumptis prudencia correctiva castiget. Intelleximus siquidem quod nonnulli nostre dyocesis civitatis et provincie deum pre oculis non habentes jura et libertates ecclesie nostre Cantuariensis et dilectorum filiorum nostrorum prioris et capituli loci ejusdem tam in personis quam in rebus invadere violare infringere ac per-turbare multiplici machinacione contendunt, quos non ambigitur ipso facto in majoris excommunicacionis sentenciam incidisse. Et licet contra eos de jure possemus severitatis gladium acrius exercere, volentes tamen ipsos affectione paterna mansuete pocius quam cum rigore tractare, dum tamen salubris correctio in eorum periculum non tepescat, vobis omnibus et singulis committimus et mandamus firmiter injungentes quatinus in vestre juris-
[Fo. 242.] dictionis seu administracionis ec|clesiis diebus dominicis et festivis, de quibus congrue requisiti fueritis aut eciam videritis oportunum, publice intra missarum solempnia in genere moneatis et efficaciter inducatis seu faciatis moneri taliter et induci omnes invasores perturbatores ac malefactores hujusmodi, ut ab ecclesie nostre et dictorum religiosorum ac libertatum eorundem injuriis antedictis in futurum abstineant penitus et desistant, et de commissis ut supra celeri satisfactione premissa se a dicta excom-municacionis sentencia sine more dispendio absolvi procurent, recepta super hiis penitencia salutari. Et ut eorum saluti si forsitan obstinati vel desides incorrecti remanere voluerint consulatur, de nominibus malefactorum ipsorum, et eis consilium super hoc vel

juvamen prestancium, per quemlibet vestrum in jurisdictione seu
administracione sibi commissa diligenter inquiri et cautelis quibus
expedire videritis investigari mandamus, et quos per inquisicionem
seu investigacionem eandem de injuriis aut maleficiis antedictis
culpabiles inveneritis seu famose notatos, ipsos peremptorie citetis
vel faciatis citari, quod die per vos congrue statuendo eisdem coram
nobis ubicumque tunc et cetera fuerimus sufficienter compareant,
nobis ex officio super hiis responsuri et de veritate dicenda personaliter juraturi ac eciam ad interrogaciones faciendas eisdem sub
juramento hujusmodi responsuri facturi et recepturi ulterius super
hiis quod est justum.   De die vero recepcionis presencium et forma
ac modo execucionis omnium premissorum et de nominibus taliter
citatorum quilibet vestrum de suo facto cum congrue super hoc
requisitus extiteret, nos dictis die et loco suis litteris harum tenorem
habentibus certificet competenter, presentem vero litteram unusquisque vestrum ea inspecta et ipsius copia si voluerit habita
restituat portitori.   Datum apud Maghefeud vij idus Junii anno
domini M°. cc°. nonagesimo quinto.

[*April 11th, 1298.   Grant of an indulgence of thirty days for two years for the
benefit of the leper hospital of St. Bartholomew, Playden outside Rye.*]

LITTERE INDULGENCIE PRO HOSPITALI DE PLEYNDENN'.—
Universis sancte matris ecclesie filiis ad quos presentes littere
pervenerint R. permissione et cetera salutem in domino sempiternam.
Quum ut ait apostolus omnes stabimus ante tribunal Christi recepturi
prout in corpore gessimus sive bonum fuerit sive malum, oportet
nos diem messionis extreme misericordie operibus prevenire ac
eternorum intuitu seminare in terris quod reddente domino multipli-
cato fructu recolligere debeamus in celis.   Cum igitur ad sus-
tentacionem fratrum et sororum hospitalis sancti Bertholomei de
Playndenn' ac egenorum transeuncium et infirmorum ad illud
confluencium, quibus pro modo suarum facultatum se exhibet
liberale, proprie non suppetant facultates, nos de omnipotentis dei
misericordia gloriose virginis Marie et Omnium Sanctorum meritis
confidentes omnibus parochianis nostris et subditis nostre dyocesis
de peccatis suis vere penitentibus et confessis, qui de bonis a deo sibi
collatis pias elemosinas et grata dicto hospitali subsidia erogaverint
per que ejusdem hospitalis inopia sublevetur, seu qui ipsius jura et
libertates sustinuerint vel confoverint auxilio consilio vel favore,
[seu]¹ ipsius redditus vel possessiones augmentaverint pia mente,

¹ Omitted in MS.

triginta dies de injuncta sibi penitencia usque ad biennium a tempore concessionis presentis numerando misericorditer relaxamus, presentibus ultra biennium ipsum minime valituris. In cujus rei testimonium presentibus sigillum nostrum est appensum. Datum apud Aldynton' iij idus Aprilis anno domini M. cc. nonagesimo octavo consecracionis nostre quarto.

[*April 22nd, 1298. Appointment of five commissioners to hear the accounts of the collection of the tenth from the bishops of the province.*]

COMMISSIO RECIPIENDI RACIOCINIA A SINGULIS EPISCOPIS CANT' PROVINCIE DE RECEPCIONE ET SOLUCIONE DECIME ET CETERA. —R. et cetera dilectis filiis magistris Radulpho de Baudak' decano, Roberto de Ros cancellario nostro canonico, Roberto de Drayton' thesaurario, magistro Reginaldo de Brandon' similiter canonico ecclesie sancti Pauli Londonie ac Nicholao de Cnovill' rectori ecclesie de Maydestan' salutem graciam et benedictionem. De vestra industria et diligenti circumspectione ac prudencia quamplurimum confidentes, ad audiendum et recipiendum a singulis confratribus et coepiscopis nostre Cantuariensis provincie ipsorum ve procuratoribus compotum seu raciocinia collectionis recepcionis liberacionis et solucionis decime bonorum ecclesiasticorum, pro necessaria defensione ecclesie et regni Anglie nuper contra Scotorum incursus de communi prelatorum et cleri dicte provincie nostre consensu provise, apud Novum Templum Londonie hoc instanti proximo die juridico post festum sancti Marci Ewangeliste et proximo die juridico post festum sancti Johannis ante [Fo. 242ᵛ.] portam | Latinam, secundum formam diversarum citacionum nostrarum consideratis locorum distanciis in hac parte factarum cum diebus sequentibus dies hujusmodi usque ad finalem expedicionem negocii memorati, necnon ad cognoscendum super modo et quantitate collectionis recepcionis liberacionis et solucionis ejusdem decime cujuslibet diocesis nostre provincie supradicte vobis cum canonice cohercionis potestate vices nostras committimus per presentes. Ita quod si non omnes hiis exequendis poteritis interesse tres vestrum ea nichilominus exequantur. Datum apud Harewes ix kal. Maii anno et cetera consecracionis nostre quarto.

[*April 30th, 1298. Mandate to the Bishop of London to summon the bishops of the province of Canterbury to a meeting of Convocation in London at the New Temple on June 25th, and to command the bishops to summon representatives of all the clergy of their dioceses.*]

CONVOCACIO PRELATORUM ET CLERI PROVINCIALIS AD

INSTANCIAM REGIS REGRESSI A FLANDRIA.—R. et cetera domino
Londoniensi episcopo salutem et cetera. Exigunt non nunquam
eciam contra animi destinacionem licet cum fastidio petita concedi
non tam dignitas quam instancia postulantis. Sane apud sanctum
Albanum nuper ad illustrem regem nostrum Anglie preventi suis
precibus accedentes et super negociis variis cum ipso et aliis de
consilio suo propensius conferentes inter cetera per eundem
affectuosius extitimus requisiti, quod omnes prelatos et clerum nostre
civitatis diocesis et provincie Cantuar' pro arduis quibusdam negociis
exponendis eisdem ad certos diem et locum faceremus quamcicius
convocari. Cujus deprecantis recenter ad regnum suum regressi
supereminens condicio auctoritatisque sublimis post regni ejusdem
ingressum prima supplicacio nobis facta nos licet anxios de nimiis
fatigacionibus subditorum secundum discrimen temporis transacti,
compacientesque per sepius repetitas convocaciones hujusmodi
tediosis vexacionibus eorundem extra preconceptum propositum
quodammodo invitos compulit tantis precibus animum inclinare.
Quocirca fraternitati vestre committimus et mandamus quatinus
sine dilacione morosa omnes et singulos coepiscopos et suffraganeos
nostros in nostra Cantuariensi provincia constitutos convocando
citetis seu citari peremptorie faciatis, et per eosdem episcopos vice
et auctoritate nostra citari mandetis similiter peremptorie in singulis
diocesibus omnes decanos precentores cancellarios thesaurarios
archidiaconos priores cathedralium ecclesiarum et abbates non
exemptos, ac eciam omnes priores perpetuos et electivos prepositos
magistros seu custodes conventualium et collegiatarum ecclesiarum
et alios universos in dignitate constitutos, capitula quoque conventus
et collegia omnium predictorum et clerum singularum diocesium,
videlicet ut dicti episcopi decani precentores cancellarii thesaurarii
archidiaconi abbates priores magistri custodes et alii in dignitate ut
premittitur constituti, in virtute obediencie personaliter, singula vero
capitula conventus et collegia tam secularium quam religiosorum
predictorum per unum, clerus autem cujuslibet diocesis per duos
procuratores sufficientes compareant apud Novum Templum
Londonie in crastino festi Nativitatis sancti Johannis Baptiste
proximo venturi cum diebus sequentibus continuandis eisdem
usque ad finalem ipsorum expedicionem in hac parte, una nobiscum
ea que per prefatum dominum regem nostrum illustrem vel ex parte
sua exponentur ibidem audituri et super hiis prout convenit tractaturi
provisuri et ordinaturi salubriter de eisdem, et ad ea que ex communi deliberacione concorditer providebuntur aut fient suum
adhibituri consensum facturique ulterius quod duce domino visum

fuerit oportunum. Et vos ipsi quo ad vos et subditos vestros hoc
ipsum mandatum nostrum in singulis suis articulis similiter
observetis, denunciantes dictis episcopis et per eos suis subditis
denunciari facientes quod absentes in dicto termino cessante legittimo
impedimento de quo evidenter et legitime doceri volumus graviter
pro contumacia puniemus; religiosis quoque exemptis dictarum
dyocesium, quos sicut et ceteros premissa contingunt seu contingere
poterunt in forma prescripta absque prejudicio suorum privilegiorum
[ut] [1] compareant loco et temporibus prenotatis per vos et alios coepiscopos nostros denuncietis et denunciari sollicite faciatis. De die vero
recepcionis presencium et quod feceritis in premissis ac de nominibus sic citatorum in cedula separata certificatorio vestro annexa
conscriptis quatenus ad vos attinet nos dictis die et loco plene et
distincte certificare curetis, et ceteris coepiscopis pretactis ut nos
similiter de suo facto singuli ad diem sub eadem forma ydonee
certificent districtius injungatis per suas patentes litteras harum
seriem continentes. Datum [2] apud Croyndon' ij kal. Maii anno
domini M⁰. cc⁰. nonagesimo octavo consecracionis nostre quarto.

[*April 30th, 1298. Commission to hear and settle the suit between James de
Mohun, rector of Sheperton, and Henry, late chaplain of Brunus de Podio,
and others.*]

[Fo. 243.]

Commissio super bonis ecclesie de Schep[er]ton' Lond'
Diocesis.—Robertus permissione et cetera dilectis filiis magistris
Roberto de Ros cancellario nostro Reginaldo de Brandon' et
Johanni de Chishulle canonicis ecclesie sancti Pauli Londonie
salutem et cetera. Ad audiendum finiendum et totaliter expediendum
negocium coram nobis nuper inchoatum ex officio super amocione
quorundam bonorum ad rectorem ecclesie de Scheperton' ac eciam
ecclesiam ipsam Londoniensis diocesis pertinencium inter magistrum
Jacobum de Mohun de ecclesie de Scheperton' rectorem partem
promotricem ex parte una et Henricum nuper capellanum Bruni de
Podio et Willelmum de Stanes clericum et quoscumque alios in
eodem negocio ipsius magistri Jacobi adversarios ex altera, vobis
cum canonice cohercionis potestate conjunctim et divisim committimus vices nostras. Datum apud Croyndon' ij kal. Maii anno
domini et cetera consecracionis et cetera.

---

[1] Omitted in MS.   [2] MS. **Daytum.**

[*Undated. Testimonial to the Treasurer and barons of the Exchequer that Adam of Nedham, brother of the late Richard of Nedham, formerly rector of Northfleet, is not the executor of his will.*]

TESTIMONIALE PRO ADA DE NEDHAM QUOD NON EST EXECUTOR TESTAMENTI MAGISTRI RICARDI FRATRIS SUI.— Robertus et cetera venerabili fratri domino W. dei gracia Coventrensi et Lichfeldensi episcopo superillustris domini nostri regis Anglie thesaurario et discretis viris baronibus de scaccario ejusdem apud Westmonasterium salutem et caritatis augmentum cum benedictione et gracia salvatoris. Quia pium est veritati testimonium perhibere vobis tenore presencium intimamus quod Adam de Nedham frater magistri Ricardi de Nedham quondam rectoris ecclesie de Northflete, qui antequam infata decesserit suum condidit testamentum, ab eodem testatore vel ab ordinario nequaquam constitutus fuerat aliqualiter executor, nec administracio bonorum ejusdem defuncti sibi commissa extiterat aliquo tempore facienda, quod in publicam nocionem omnium quorum interest seu quos negocium ipsum contingit tenore presencium volumus devenire. Datum apud Charring'.

___

[*May 12th, 1298. Letter to Edward I requesting him to permit the prior and convent of Ely to hold and administer all their possessions freely during the vacancy of the see of Ely, and that he will revoke the presentations made by him to the churches of Wisbech and Foxcote, which are appropriated to them.*]

QUOD REX PERMITTAT PRIOREM ET CONVENTUM ELYENSEM GAUDERE LIBERE SUIS POSSESSIONIBUS VACANTE SEDE EPISCOPATUS, ET QUOD REVOCET PRESENTACIONES FACTAS AD QUASDAM ECCLESIAS EORUM.—Excellentissimo principi domino Edwardo dei gracia regi Anglie illustri domino Hibernie et duci Aquitanie Robertus permissione divina et cetera salutem in eo per quem reges regnant et principes dominantur. Patroni benignitas eo semper debet affectu dirigi in sue advocacionis ecclesiis atque locis ut eos in adversis ejus proteccionis consolacio muniat, et tanto magis ab ipsis dispendium turbacionis depellat quanto eosdem extra seculi tumultus sub religionis honestate conversantes divino cultui perpetuo mancipatos decet uberiori tranquillitate potiri. Vacante siquidem nuper episcopatu Elyensi ne dum ipsius custodiam vobis racione temporalium competentem verum ut intelleximus ipsum prioratum plenum et suo priore consultum in manus suas cepit regalis potestas, et ad ecclesias de Wisebeche et de Foxton' per bone memorie Hugonem quondam Elyensem episcopum monasterio Elyensi et monachis deo ibidem jugiter famulantibus pie devocionis affectu in proprios usus canonice assignatas, et per felicis recordacionis fratres Robertum de Killewardby et Johannem de Pecheham dudum Cantuarienses archiepiscopos predecessores nostros de consensu Cantuariensis capituli confirmatas, prout in hujusmodi appropriacionum et confirmacionum litteris originalibus vidimus plenius contineri, licet post varios sumptus et labores a multis retroactis temporibus per eosdem religiosos quiete possessas, nobis quosdam seculares clericos presentavit; qualiter altera dictarum ecclesiarum videlicet de Wisebeche ad refeccionem omnium monachorum simul dumtaxat in refectorio servata unitatis forma, ubi prius vix octo de conventu in eodem loco propter exilitatem porcionum assignatarum eidem, ceteris sparsim in diversis locis prioratus cotidianum cibum inconvenienter querentibus, pasci valebant; reliqua vero de Foxton' ad augmentacionem porcionis elemosinarie, ad quam prius pro alimonia pauperum ac senum debilium et infirmorum recreacione nichil preter fragmenta que supererant de mensis monachorum obvenerat, conferentis ordinacione salubri fuerat deputata, plene forsitan non advertens. E quibus nimirum dictis religiosis et eorum monasterio timetur, quod deus avertat, irrecuperabile detrimentum inferri, aliarumque ecclesiarum status et libertates non sine gravi animarum periculo eorum exemplo pernicioso imposterum perturbari, nisi regie celsitudinis [Fo. 243ᵛ.] pietas afflictis compaciens et suorum jura conser|vans debite revocacionis remedio subveniat in hac parte. Cum igitur latere circumspeccionem regiam non credamus quod per vacacionem episcopatus nequaquam inducitur priore superstite vacacio prioratus, qui possessiones sibi separatas hactenus semper et divisas non communicant assignatas, dominacioni vestre humiliter supplicamus quatinus dictum prioratum in statu debito confoventes religiosis predictis liberam possessionum suarum disposicionem et bonorum ipsius monasterii administracionem remoto prefato impedimento sicut convenit et tenemini permittatis, ac regie clemencie oculos ad eorum indigenciam dirigentes jure suo pristino et possessione tranquilla in dictis ecclesiis ipsos gaudere divini cultus intuitu jubeatis. Et ex zelo quem pro honore dei et ecclesie sancteque religionis geritis vestrorum apud deum augeatur cumulus meritorum. Valeat et crescat semper in Christo cum gaudio regia celsitudo. Datum apud Charringe iij° id. Maii anno domini M°. cc°. nonagesimo octavo.

———

[*April 13th, 1298. Exhortation to the prior and convent of Ely to make a right choice at the forthcoming election of the bishop of Ely, and warning to certain of the monks who are conspiring about the election.*]

EXHORTACIO PRIORI ET CONVENTUI UT BENE ELIGANT ET

MONICIO ET EXCOMMUNICACIO CONJURATORUM ET CISMATICORUM. —Robertus permissione et cetera dilectis filiis priori et conventui Elyensi et cetera. Pro remedio gravaminum et oppressionum que vobis hiis diebus nimium inferuntur ad rogatum vestrum compacientes vobis pietate paterna domino nostro regi litteras nostras dirigimus quarum vobis mittimus presentibus tenorem inclusum. Et quia intelleximus diem eleccioni faciende per vos statutum instare, hortamur vos in domino Jesu Christo, et in aspersione preciosissimi ejus sanguinis quo sanctam ecclesiam redemit, quatinus omni carnali affeccione et questus lucri precium seu munerum attraccione corrupta et comminacionum vario timore semotis vota vestra in dicto negocio ad honorem dei et ecclesie vestre relevamen ac salubre regimen animarum communiter dirigatis. Et vester zelus utinam bonus in melius exemplum transeat aliorum. Ad hec quia quidam de vestro capitulo spiritu diabolico excitati ab unitatis tramite recedentes cismata et conjuraciones non absque magno scandalo inter vos ut recepimus suscitarunt, tenore presencium monemus primo secundo et tertio peremptorie a tempore noticie · harum litterarum cujus tempus non paciatur plenius deliberandi consilium omnes et singulos hujusmodi conspiraciones cismata aut conjuraciones facientes procurantes vel consencientes, eisdem clam vel palam quod hujusmodi depulsis erroribus juxta sane consciencie rectitudinem ad canonicam eleccionem procedant, et de idoneo pastore studeant providere ecclesie desolate sub pena majoris excommunicacionis quam exnunc in singulos vestrum contravenientes in hac parte proferimus in hiis scriptis, quorum absolucionem nobis ex certa sciencia specialiter reservamus, vobis eciam in virtute obediencie injungimus et mandamus quatinus hoc mandatum nostrum inter vos secretum habeatur ne ad aliquorum qui non sunt de vestro capitulo noticiam perveniant quoquo modo. Datum apud Cherringe iij id. Maii anno domini et cetera consecracionis nostre et cetera.

[*May 7th, 1298. Commission to the Archbishop's official to receive the resignation of Thomas de Capella of the living of Sevenoaks.*]

COMMISSIO AD ADMITTENDUM RESIGNACIONEM ECCLESIE DE SEUENAK'.—Robertus et cetera dilecto filio magistro Willelmo de Sardania officiali nostro salutem et cetera. Ad admittendum nomine nostro resignacionem ecclesie de Seuenok' a Thoma de Capella clerico eandem ecclesiam optinente liberam vobis auctoritate presencium conferimus potestatem ; ejusdem tamen collacionem que tam de jure quam de consuetudine nostra nobis incumbit sicut vestram experienciam latere non credimus nobis specialiter reservantes.. Ceterum domino Dunelmensi quantum possumus secundum deum et bonam conscienciam pre ceteris prelatis volumus complacere, sicut novimus ipsum facere consimilia nobis velle et alia quam ipsum facturum in similibus [Fo. 244.] credimus nolle aliqualiter | postulare. Valete. Datum apud Charringge nonis Maii consecracionis nostre anno quarto.

[*May 22nd, 1298. Commission to hear and conclude the suit of Avelina de la Legh' against Alan Waldershare and others.*]

COMMISSIO IN CAUSA AVELINE DE LA LEGH'.—Robertus permissione et cetera dilectis filiis magistris Roberto de Ros cancellario nostro Henrico de Nassington' decano beate Marie de Arcubus Londonie et Reginaldo de Brandon' canonico sancti Pauli Londonie salutem et cetera. Ad audiendum finiendum et totaliter expediendum negocium quod coram nobis et generalibus causarum curie nostre auditoribus nuper ex officio vertebatur inter Avelinam de La Leghe mulierem partem promotricem ex parte una et Alanum Waldeschier Willelmum Inge Robertum servientem ejus et Robertum le Brown rectorem ecclesie de Schellegh' et quoscumque alios in eodem negocio ipsius Aveline adversarios ex altera, vobis vices nostras cum canonice cohercionis potestate conjunctim et divisim committimus, vobis mandantes quatinus processibus tam coram nobis quam commissariis nostris qualitercumque habitis prout de jure decet continuatis in negocio memorato juxta tenorem retroactorum racione previa procedatis aut unus vestrum alterius presencia non expectata nec absencia excusata debito modo procedat. Datum apud Charringe xi^{mo} kal. Junii anno et cetera consecracionis et cetera.

[*June 12th, 1298. Commission to proclaim in the parish church of Lydd and neighbouring churches that fifteen men of Lydd are under sentence of excommunication for procuring the renewal of a charter prejudicial to the rights of the church of Canterbury.*]

DENUNCIACIO EXCOMMUNICACIONIS HOMINUM DE LYDE.—R. permissione et cetera magistro Martino commissario nostro Cantuariensi salutem graciam et benediccionem. Quia Simon Wlnot Johannes Wlnot Stephanus Galiot Ricardus Colyn Hamo Rikedoun Hamo Uppedenn' Adam Lambert Ricardus Deryng Stephanus Gille Willelmus Spin Thomas le Fraunceys Nicholaus Gerard Stephanus de Warpelton' Ricardus Wylekyn et Galfridus Colyn homines et tenentes nostri de Lyde jam dudum legitime ad

judicium evocati super eo, quod non absque fraudis consilio et
illicite conspiracionis commento contra fidelitatis sue nobis prestitum sacramentum quedam dicebantur noviter procurasse et effectualiter prosequi in prejudicium juris nostri et libertatum ecclesie
nostre Cantuariensis, judicialiter et sponte fatebantur coram nobis,
se quandam antiquam cartam nobis et ecclesie nostre Cantuariensis
juribus et libertatibus prejudicialem procurasse per curiam regiam
noviter innovari et se usos eadem fuisse; nosque eorum confessionem hujusmodi sequti declaraverimus eundem Simonem et
ceteros prenominatos omnes et singulos in majoris excommunicacionis sentenciam contra violatores et turbatores jurium et libertatum dicte ecclesie nostre latam dampnabiliter incidisse; tibi
mandamus firmiter injungentes quatinus dictos Simonem Johannem
et omnes alios et singulos prenotatos denuncies publice et denunciari
facias in ecclesia parochiali de Lyde et aliis locis convicinis diebus
solempnibus et festivis eadem excommunicacionis sentencia involutos, publice inhibendo et inhiberi faciendo ne quis in casu illicito
communicet cum eisdem seu eorum aliquo donec absolucionis
beneficium meruerint seu meruerit optinere.   Et quid feceris in
premissis nos citra festum apostolorum Petri et Pauli plene certifices per tuas patentes litteras et cetera.   Datum apud Cherryngge
ij idus Junii consecracionis et cetera.

[*June 14th, 1298.   Mandate to the prior and chapter of Canterbury, whose
number had fallen short by thirty, to act promptly and wisely in filling the
vacant places.*]

QUOD PRIOR CANT' AUGEAT ET SUPPLEAT NUMERUM MONA-
CHORUM IN ECCLESIA CHRISTI CANT'.—Robertus et cetera dilectis
filiis priori et capitulo ecclesie nostre Cantuariensi salutem graciam
et benediccionem.   Licet super augendo numero monachorum
conventus nostri in ecclesia memorata jam in triginta personis
enormiter mutilati fuissetis per nos sollicite et pluries hactenus
excitati, ipse tamen numerus sic diminutus non dum est adhuc
prout debet et expedit restitutus, propter quod in eadem ecclesia
cultus attenuatur divinus et jugum laborancium jugiter in eadem
difficilius supportatur.   Cum igitur sapiencie doctrina testante in
multitudine populi sit dignitas regis et in paucitate plebis ignominia principis, vos monemus et hortamur in domino Iesu Christo
et districte mandamus quatinus prefatum conventum ad antiquum [1]
et debitum numerum monachorum cum omni qua poteritis commoda

---

[1] MS. 'antiqum'.

celeritate per supplecionem congruam personarum vigilanti studio reducatis, ut contra hostem multiformis nequicie multiplicetur exercitus bellatorum, modicum enim vel nullum ex hujusmodi [Fo. 244ᵛ.] eclipsi quoad sumptus | vestros annuatim sentire vos credimus relevamen, sicut ex vestra assercione recepimus manifesta. Nec electionis vel accepcionis personarum vos in hac parte aliqualiter in tam pio actu impediat difficultas, dum tamen aliqualis probabilitas personis assumendis per fidedignorum testimonium seu per aliam noticiam suffragetur, sicut videmus in aliis ordinibus hiis diebus propter defectum electarum personarum que ante hec tempora solebant per mundum frequencius inveniri. In prosecucione vero hujusmodi nostri mandati sic curetis diligencius vos habere ne propter vestram remissionem seu negligenciam in hac parte cogamur mandatum strictius vobis alias dirigere pro negocio memorato. Valete. Datum apud Cherringe xviij kal. Julii consecracionis nostre et cetera.

[June 16th, 1298.   Letter by Edward I, referring tohis previous letter of May 12th on behalf of the prior and convent of Ely, and urging him to grant them relief from their difficulties.]

REGI PRO REVOCACIONE GRAVAMINUM ILLATORUM ECCLESIE ELYENSI SEDE VACANTE.—Excellentissimo principi domino Edwardo dei gracia et cetera Robertus et cetera. Licet variis incommodis que prioratus Elyensis contra morem solitum jamdudum sustinuit et adhuc patitur hiis diebus paterno compacientes affectu, super eo maxime quod idem prioratus nondum vacans sed plenus et suo priore consultus in manus capiebatur regie potestatis, et quod ad ecclesias de Wysebech' et de Foxton' eidem prioratui et monachis deo famulantibus ibidem in usus proprios juxta piam ordinacionem de ipsis factam canonice assignatas, tanquam ad vacantes nobis presentati fuerunt clerici seculares, per nostras litteras vestre supplicaverimus majestati quod dicti prioratus, vestre advocacionis statum et jura debite conservantes, causasque appropriacionis dictarum ecclesiarum tam pias quam necessarias advertentes, super premissis eidem subveniretis remedio competenti, sicut tenor hujusmodi litterarum nostrarum plenius exprimebat, idem tamen, prioratus de gravaminibus hujusmodi nullum omnino de quo miramur et dolemus adhuc senciit relevamen, quin pocius magis timetur oppressionum ejus continuacio minus justa et plurium cumulacio tormentorum. Cum enim ex parte monachorum dicti prioratus ejusdem liberacio et bonorum ipsius libera disposicio

nuper a vestra clemencia sicut intelleximus fuisset humiliter postulata, et a quibusdam de vestris ad quos dictorum monachorum
nuncii in ea parte pro remedio hujusmodi optinendo a vobis fuerant
transmissi extitisset responsum, quod nisi capitulum Elyense Johanni
de Langeton' clerico vestro in episcopum ejusdem loci, quamquam
in discordia electo, ad prosequendum eleccionis sue negocium
sumptus et expensas de bonis ipsius monasterii provideret, liberacionem non consequeretur aliqualiter quam optabat, molestiis
gravioribus eidem nichilominus comminatis. Quia vero prefati
religiosi et si forsan alias ad sumptus hujusmodi teneantur, ad
ministrandum tamen eosdem non debeant per alicujus metus vel
compulsionis violenciam et precipue potestatis laice coherceri,
dominacionem regiam affectuose rogamus et iteratis precibus excitamus in domino Iesu Christo, quatinus gravaminibus hujusmodi
prout convenit revocatis dicti prioratus vestri statum debitum et
antiquum[1] in pacis tranquillitate et quietis dulcedine dignemini
confovere juxta seriem litterarum nostrarum vobis prius directarum
et ipsius jura conservare integra et illesa. Valeat et cetera. Datum
apud Cherrynge xvi kal. Julii anno domini et cetera.

[*June 16th, 1298. Mandate to the Archbishop's official in the diocese of Ely to
ascertain and report the names of those monks of Ely who have absented
themselves from the monastery on account of the dispute over the election of
the bishop.*]

AD INQUIRENDUM DE NOMINIBUS MONACHORUM ELYENSIUM
DEVAGANCIUM.—Robertus et cetera dilecto filio . . officiali nostro
in episcopatu Elyensi sede vacante salutem graciam et benediccionem. Intelleximus nuper quod quamplures monachi ecclesie
Elyensis occasione electionis in discordia celebrate non optenta
prioris sui licencia sed contempta pocius obediencie disciplina nimis
frequenter se absentant, et per diversas patrias ipsius monasterii
sumptibus non tam periculose quam inhoneste nequiter devagantur
in religionis opprobrium et scandalum plurimorum. Quocirca
vobis mandamus firmiter injungendo quatinus de personis et
nominibus rebellium monachorum sic discurrencium cum omni
diligencia secrecius inquirentes nobis eorundem nomina quamcicius
poteritis celeriter rescribatis. Datum apud Cherryngge xvi kal.
Julii anno et cetera consecracionis et cetera.

---

[1] MS. 'antiqum'.

[Undated. Letter to the Bishop of Hereford excusing him for absence at the opening of Convocation on June 25th on account of his presence at the funeral of the Earl of Warwick.]

DILACIO CONCESSA HEREFORD' PROPTER HUMACIONEM CORPORIS COMITIS WAREWYK'.—R. et cetera venerabili fratri domini Herefordensi episcopo et cetera. Optentu rogaminis domini Gwydonis de Warewyk' placet nobis quod humacionem corporis nuper domini comitis patris sui intersitis prout nobis supplicavit per suas litteras quas de vestra consciencia prout videntur minime credimus emanasse, cujus pretextu in inicio instantis convocacionis prelatorum Londonie absenciam vestram habebimus excusatam ; ita tamen quod die veneris proxima post festum nativitatis sancti Johannis Baptiste vel ad tardius die sabbati proxima sequente Londoniam ad dictam congregacionem veniatis super quibusdam arduis negociis ecclesie statum contingentibus nobiscum et cum aliis confratribus et coepiscopis nostris plenius tractaturi, quod vobis in virtute sancte obediencie injungimus observandum. Valete et cetera. Datum et cetera.

[June 28th, 1298. Reply of the Archbishop, Bishops, and clergy of the province of Canterbury to four requests from Edward I.]

[Fo. 245.]

RESPONSIO PRELATORUM ET CLERI CANTUARIENSIS PRO-VINCIE FACTA DOMINO REGI SUPER IIIJ ARTICULIS PETITIS.—A tres noble prince e Seigneur lige moun sire Edward par la grace de dieu roi Dengleterre Seigneur Dirlaund et ducs de Gwyene les soens devoutz e humbles Robert ercevesque de Cauntorebirs primat de tote Engleterre evesques abbez priours deans ercedeaknes e le clerge de tote la province de Cauntorebirs a Loundres nadgueres assemblez, saluz en celui par qi rois regnent e princes ount sei-gneurie. Resceve en la dite assemblee a due reverence sicome il affiert e pleinement entendue votre lettre a nous presentee par voz leaus e avisee messegers sire Johan del Isle e sire Willame de Sutton' chivalers qe nous les duissoins crere de ceo qe eus nous direyent par vous, e vous de notre respouns certifier, les ditz chivalers nous diseyent a primes de par vous que vous ne entendez a ceste foiz nule aide de nous demaunder ne autre foiz si graunt besoign ne le face, mes del votre demeyne chevir vous en ceste guerre taunt come vous purrez, e puis nous feseyent quatre prieres, la primere qe por doute de peril suaunt nous vous meissoms en aukune esperaunce de aide fere quaunt nous en serroms requis par vous a defendre le roiaume e seinte eglise, si le peril dure taunt

que autrement a ceo ne vous puissez chevir.   La secounde priere
qe le remenaunt de la coillecte grauntee par le clerge a reboter les
Escoctz voilloms voucher sauf a la terre e seinte eglise defendre si
mester seit.   La tierce priere qe nous faissoms prier por vous en la
besoigne qe vous ore avez por le estat du roiaume e de seinte eglise
enpris.   La quarte priere qe nous faissoms denuncier escomengez
les meffesours de ditz Escootz qe seinte eglise artrent roberent
e destrurent e en autre maneres la pees destouberent e enfreintrent.
E nous meintenaunt sour cestes prieres par chescoun degre du
clerge par eux sicome costome est estreytement counseillames
e queymes totes les voyes par quey nous puissoms sicome nous
mout desiroms a votre seigneurie plere.   E finalment nous est avis
e bien veyoms qe quaunt a la primere priere susdite puis qe nous ne
porroms nul aide doner ne graunter a prince ou a seigneur de lay
poer des biens de seinte eglise saunz conge le pape, nous ne porroms
de ceo a vous nul autre esperaunce doner fors solome le estatut le
pape par soun conge qe nous ne cheissoms en peril de escomenger
donee en meismes le estatut, e de irregulerete par quey nous
perdrioms pleynement nostre estat e peril de meisme la escomenger
charreit a touz ceus qe a ceo nous meissent ou de nous encountre
cel estatut reen preissent.   A la secounde priere surdite dioms qe
le remenaunt de la coillette grauntee par le clerge bien voucheroms
sauf a reboter les Escootz e autres enemis hors du reaume de
Engleterre en defens de seinte eglise e le dit roiaume come par nous
feust autrefeez purveu e acorde si taunt de peril isourde, qe dieu
defende, qe il coviegne ceo fere.   Autrement graunter ne le porroms
sauve nostre estat sicome avaundit avoms saunz especial conge le
pape.   De la tierce priere bien nous semble avenaunt et graunt
prou a vous e a tut le roiaume e graunt seurte de prier enten-
tivement e fere prier par solempne processiouns e en totes autres
maneres qe nous purroms por vous e por touz les voz en cest
             veyage e volunters e bonement le froms meintenaunt
[Fo. 245ᵛ.] saunz demure. | A la quarte priere bien vous disioms qe
             touz iceus qe la pees du roiaume ount enfreint e enfreignent
ou destourbent sount escumengez par estatut de seinte eglise.   E
qe nous les froms issint denuncier escumengez par tote la province
de Cauntorebirs, en especifiaunt apertement en meismes les denunciaciouns les arsouns e roberies e sacrileges e les autres maus qe
sount feez encountre la pees du roiaume e le estat de seinte eglise.
E bien nous sembleit avenaunt qe le erceevesk' de Everewyk' en
qi province touz ceus maus sount feez ensement fait fere les
denunciaciouns meintenaunt par tut en soun poer.   E qe par sa

lettre nous feit entendre les maus qe en sount feetz en cele parties, sur quei nous puissoms mout nos denunciacioms aforcer quaunt a la sentence avaundite.　Chier sire sicome de ostre seigneurie et vostre bienvoillaunce certeynement affioms humblement e a due reverence, vous prioms come nostre chier prince e seigneur lige qe vous par vostre graunt descrecioun e avisement nous voillez avoir escusee, saunz nul remuement de vostre bienvoillaunce, si reen seit en ceo respouns qe moeve vostre currage, e qe nous ne enveyoms a vous plus solempne messagers.　Kar nous ne le poeyoms pas bien fere por certeynes encheisouns.　E deignez penser la volunte qe nous avoms tout jours eu e monstre a fere vostre pleisir, e coment nous sumes liez estreytement par le pape.　Dieus par sa pite vous gard e sauve e touz les vos et bienvoillaunz en bone vie e lunge a vostre e leur prou e le honour de Dieu et de soun poeple.　Doneez a Loundres souz nostre seal ercevesqe avaundit mis a la requeste de tot le remenaunt des prelaz e du clerge avauntdiz la veille de la feste seint Pere e de seint Poul.　Le an del incarnacioun nostre seigneur M. cc. nonaunte oet.

[*July 7th, 1298. Commission to the Archbishop's commissary to collect the procurations due to the cardinals for the second and third year in the exempt deaneries immediately subject to the Archbishop.*]

COMMISSIO COLLIGENDI PROCURACIONES CARDINALIUM IN DECANATIBUS EXEMPTIS.—Robertus et cetera magistro Martino commissario nostro Cantuariensi salutem et cetera.　Ad exigendum, colligendum et recipiendum procuraciones pecuniarias dominorum B. Albanensis et S. Penestrensis episcoporum sancte Romane ecclesie cardinalium de redditibus et proventibus ecclesiasticis decanatuum exemptorum nostre immediate jurisdictionis secundum ultimam taxacionem veri valoris eorundem pro secundo et tercio annis juxta imposiciones dictorum dominorum cardinalium alias nobis suis litteris significatas et tibi per nos demandatas, tenore presencium plenam tibi concedimus potestatem cum canonice cohercionis potestate, proviso quod dictis procurationibus simul collectis magistro Giffredo de Vezano ad hoc deputato facias de eisdem celeriter responderi.　Datum apud Croyden' non. Julii anno domini M°. cc^mo. nonagesimo octavo consecracionis nostre quarto.

[*Undated. Mandate to the Archbishop's official in the diocese of Ely to go to Chatteris and inquire into the election of the prioress as abbess, and confirm it or invalidate it.*]

COMMISSIO EXAMINANDI ET CONFIRMANDI VEL INFIRMANDI ELECCIONEM PRIORISSE DE CHATRIZ.—Robertus et cetera officiali

Elyensi sede vacante salutem et cetera.   Quia super eleccione
nuper facta ut dicitur in monasterio de Chatriz Elyensis diocesis de
priorissa ipsius monasterii in abbatissam loci ejusdem, de qua licet
penitus per nostram (?) partem quedam littera quam vobis transmittimus sub nomine suppriorisse et conventus sub earum communi sigillo
ut prima facie videbatur nobis extitit presentata, per exhibitorem
ejusdem littere nobis est insinuando suggestum quod in casu
consimili hactenus consuevit talis dumtaxat littera loci diocesano si
superstes existeret, presentari, et quod per officialem ipsius episcopi
vel per alium ab eodem episcopo ad hoc specialiter deputatum
hujusmodi examinaretur eleccio et finaliter terminaretur.   Nos licet
consuetudo hujusmodi si qua fuit juri dissona videatur, advertentes
tamen esse difficile et dampnosum ac eciam parum expediens ut
ipsius monasterii moniales ad loca remota super hoc
[Fo. 246.] traherentur, ut quo ad hoc parcatur | eisdem, vobis cum
cohercionis canonice potestate committimus et mandamus
quatinus ad sepedictum monasterium quam cicius oportune poteritis
personaliter accedentes de meritis eleccionis ejusdem ac statu seu
condiccionibus eligencium et electe ac precipue de habilitate ipsius
electe diligencius inquirentes, pensatis omnibusque quo ad hoc
consideranda videritis, finem debitum eidem eleccionis negocio
confirmando videlicet aut infirmando prout jus exigit imponatis,
exequentes ulterius super hoc quod incumbit.   Et nos inde certificetis idonee cum id videritis oportunum.   Datum apud Croydon'.

---

*[July 8th, 1298. Mandate to the Archbishop's official in the diocese of Ely to
admonish those monks of Ely who are wandering about the country on
account of the disputed election to the see, to return to their monastery within
three days on pain of excommunication.]*

MONICIO QUOD MONACHI ELYENSES DEVAGANTES AD DOMUM
REDEANT INFRA CERTUM TEMPUS.—Robertus et cetera dilecto filio
. . officiali Elyensi et cetera.   Ne monachi Elyenses sub colore
eleccionum factarum nuper ut dicitur in discordia in ecclesia
Elyensi de diversis personis, aut aliis quesitis coloribus insolenter ut
jam fieri dicitur in eorum periculum et sue religionis scandalum
evagentur, ac per hoc obedienciam suo priori seu locum ejus tenenti
consuetam et debitam impudenter effugiant, nobis ad id remedium
oportunum adhibere studentibus prout nostro incumbit officio
videtur expediens et honestum, ut electi memorati et electores eorum
in prosecucione suarum eleccionum hujusmodi temporibus aptis
multitudinem monachorum nullatenus secum ducant, sed procuratores dumtaxat et testes ad id necessarios cum testium eorundem

presencia in negociis ipsis temporibus congruis fuerit oportuna ; aliis
monachis ipsius ecclesie absque causa legittima extra eandem
absentibus et eciam eisdem extra tempora necessaria prosecucionum
hujusmodi ad suum monasterium reversuris, et ibidem sub prioris
loci ejusdem vel ejus locum tenentis obediencia et regimine juxta
ipsius religionis regulas et honestatem cum ceteris suis fratribus
inibi remansuris ; ut sic amputata quo ad hoc materia scandali, et
religionis servetur honestas et obediencie debito non subtracto
memorata negocia rite ac eciam cum debita maturitate suo marte
procedant.   Quocirca vobis precipimus et arcius injungendo
mandamus quatinus statim receptis presentibus quamcicius oportune
poteritis et quociens ad hoc obtulerit se facultas omnibus monachis
dicte domus existentibus in eadem necnon et ceteris extra in diocesi
Elyensi repertis vice et auctoritate nostra arcius injungatis, et eos
canonice moneatis seu faciatis injungi taliter et moneri ut monachi
in ipsa domo morantes prout pretangitur inibi moram trahant, et
existentes exterius infra triduum post monicionem eandem ad suum
monasterium antedictum redeant sine mora, et hii omnes sub
obediencia debita ibidem remaneant ut superius est expressum,
quodque nichil faciant aut committant seu fieri vel committi procurent per conspiraciones vel secretos tractatus aut eciam per
nuncios seu alio modo quocumque per quod religionis honestas aut
monachorum ipsorum unitas et caritativa concordia valeat impediri,
aut ipsi monasterio in personis vel rebus dispendium seu gravamen
inferri sub pena excommunicacionis majoris quam in omnes et
singulos dicti monasterii monachos scienter contra premissa vel
eorum aliquod venientes nisi infra triduum se inde post hujusmodi
commissum correxerint, exnunc ut extunc proferimus in hiis scriptis ;
monachos insuper sic vagantes, vel ut premittitur delinquentes nisi
ut supra redierint aut se correxerint de commisso, de die in diem in
omnibus locis sepedicte diocesis, in quibus moram fecerint, in ecclesiis
parochialibus locorum ipsorum ac eciam vicinis in genere et
nominatim cum vobis legittime de nominibus eorundem constiterit,
faciatis publice intra missarum solempnia denunciari dicta excommunicacionis sentencia innodatos, ab execucione hujusmodi quousque
ut supra redierint aut se correxerint non cessantes ; monachorum
eciam nomina quos extra dictam diocesim esse sciveritis et
[Fo. 246ᵛ.] ubi morari dicuntur, nobis quamcito | poteritis vestris
litteris intimetis.   Per premissa vero nolumus nec intendimus dictis electis vel eorum alteri aut electoribus eorundem
difficultatem ingerere, quo minus temporibus congruis dicte domus
monachos habeant ad prosecucionem negociorum hujusmodi

oportunos. Hanc quoque litteram in capitulo Elyensi coram ipsius ecclesie monachis ut plenam inde noticiam habeant legi protinus faciatis. De die vero recepcionis presencium et quid de premissis feceritis, necnon de nominibus in hac parte rebellium si qui fuerint et de statu dicti monasterii de quo inquiratis solicite, nos distincte et aperte in singulis quociens ad oportunum videritis congrue certificetis. Ita tamen quod in primo hujusmodi certificatorio tenor litterarum presencium inseratur. Datum apud Croydon' viij° id. Julii anno domini M°. cc^{mo}. nonagesimo octavo consecracionis nostre quarto.

[*July 9th, 1298. Admission of Walter Reginald, subdeacon, to the rectory of Wimbledon on the King's presentation during the vacancy of the Archbishopric, saving to the Archbishop the ordination of the vicarage.*]

ADMISSIO W. REGINALD' AD ECCLESIAM DE WYMBELDON' QUA EVICTUS PER LITEM.—Robertus et cetera dilecto filio Waltero Reginaldi subdiacono salutem et cetera. Ad ecclesiam de Wymbeldon' nostre immediate jurisdiccionis tempore vacacionis archiepiscopatus nostri Cantuariensis vacantem et per plures sentencias in nostra curia de Arcubus Londonie latas tunc vacasse declaratam, ad quam per dominum Edwardum dei gracia regem Anglie illustrem dominum Hibernie et ducem Aquitanie racione dicti archiepiscopatus nostri Cantuariensis sic vacantis et in manu sua existentis presentatus existis, te ad presentacionem supradictam admittimus et rectorem canonice instituimus in eadem, salva nobis ordinacione competentis vicarie in ecclesia memorata. In cujus rei testimonium et cetera. Datum apud Croydon' vij^{mo} id. Julii anno domini et cetera consecracionis nostre et cetera.

[*July 9th, 1298. Mandate to the Dean of Croydon to put Walter Reginald or his proctor in possession of the rectory of Wimbledon.*]

AD INDUCENDUM DOMINUM W. IN POSSESSIONEM EJUSDEM ECCLESIE DE WYMBELDON.—Robertus et cetera dilecto filio . . decano de Croydon' salutem et cetera. Quia Walterum Reginaldi subdiaconum ad ecclesiam de Wymbeldon' nostre immediate jurisdiccionis ad presentacionem domini Edwardi dei gracia illustris regis Anglie racione archiepiscopatus nostri Cantuariensis dudum vacantis et in manu sua existentis spectantem et per plures sentencias in nostra curia de Arcubus Londonie latas tempore vacacionis archiepiscopatus et presentacionis hujusmodi sentencialiter declaratam admisimus, et ipsum salva nobis ordinacione competentis vicarie in eadem certis ex causis congrue facienda rectorem instituerimus in eadem, tibi committimus et mandamus quatinus dictum Walterum seu suum procuratorem ejus nomine in possessionem ipsius ecclesie de Wymbeldon' corporalem cum juribus et pertinenciis que ad rectoriam ejusdem ecclesie in forma predicta pertinent et pertinere poterunt inducas seu induci facias sine mora ipsumque sic inductum defendas ; contradictores et rebelles per censuras ecclesiasticas arcius compescendo. Nosque super hoc cum congrue requisitus extiteris plene certifices per tuas patentes litteras harum seriem continentes. Datum apud Croydon' vij° id. Julii anno domini M°. cc^{mo}. nonagesimo octavo consecracionis nostre et cetera.

[July 12th, 1298. Mandate to the Archbishop's official in the diocese of Ely to cite John de Langton, the chancellor, who has been elected by some of the monks of Ely, and others to appear before the Archbishop at Slindon to make objection to the election of the prior of Ely who has been elected as bishop by the subprior and other monks.]

CITACIO J. DE LANGETON' ELECTI ELYENSIS IN DISCORDIA AD PROPONENDUM CONTRA ELECCIONEM PRIORIS EJUSDEM LOCI.— Robertus et cetera dilecto filio . . officiali nostro in episcopatu Elyensi sede vacante salutem et cetera. Cum religiosi viri supprior ecclesie Elyensis et ceteri confratres ejusdem loci sui in negocio infrascripto sequaces kalendis Julii in ecclesia parochiali de Lamehethe anno domini M°. cc^{mo}. nonagesimo octavo nobis per procuratorem suum fratrem Petrum de Reche eleccionem de fratre Johanne priore dicte ecclesie in episcopum et pastorem suum ab eis factam ut dicebant, et eundem electum suum cum magna instancia presentassent et super hoc nobis suas litteras direxissent, negocioque eleccionis hujusmodi proposito coram nobis non tam instanter quam humiliter supplicassent ut electionis sue negotium dictis die et loco coram nobis ut premittitur propositum et ostensum examinare ipsamque eleccionem et electum suum confirmare cum celeritate

[Fo. 247.] debita | curaremus, nos auditis in hac parte propositis, visis et inspectis quibusdam instrumentis et munimentis coram nobis in hac parte exhibitis et ostensis, usque in diem sabbati proximum sequentem videlicet iiij° non. Julii deliberantes et deliberacione prehabita conspicientes prefatam eleccionem in dissencione factam fuisse, et dominum Johannem de Langeton' illustris regis Anglie cancellarium a quibusdam fratribus ejusdem ecclesie in tractatu et scrutinio eleccionis hujusmodi nominatum, qui eciam tanquam electus ab eis nobis primo per se notificavit et postmodum per alios fecerat notificari quod eleccioni de se facte ut dicebatur consensit, ulterius in eodem eleccionis negocio procedere nequivimus, nisi prius dicto

Johanne de Langeton' et aliis quorum interest in hac parte juxta juris exigenciam evocatis, quamquam per partem negocium eleccionis de dicto priore ut asseritur facte instancius prosequentem hoc fieri non oportere de jure coram nobis dictum fuisset ac eciam allegatum. Quocirca discrecioni vestre committimus et mandamus quatinus in ecclesia Elyensi citacionis edicto aliquo die festivo publice proposito prefatum Johannem de Langeton' nominatim, et in specie necnon et in genere omnes illos quorum interest in hac parte se opponere contra eleccionem predictam, citetis peremptorie, quod compareant sufficienter et legittime coram nobis aut commissariis vel auditoribus deputandis a nobis tercio die juridico post festum exaltacionis sancte Crucis in ecclesia parochiali de Slyndon' Cycestrensis diocesis nostre tamen immediate jurisdiccioni subjecta, in forma juris proposituri et quatenus jus exigit ostensuri si quid obicere seu proponere pro se voluerint contra dictam eleccionem de prefato priore ut pretangitur celebratam, aut contra ipsius electi seu suorum electorum personas quo minus in ipsius eleccionis negocio ad confirmandam eleccionem hujusmodi et electum procedere minime debeamus, facturi et recepturi ulterius in ipso negocio secundum qualitatem et naturam ejusdem quod canonicum fuerit et consonum equitati; ipsum eciam citacionis edictum in ecclesia parochiali de Burewelle Elyensis diocesis quam dictus Johannes tanquam rector ejusdem tenere asseritur aliquo die dominico vel festivo coram clero et populo exhabundanti faciatis intra missarum solempnia pupplicari. De die vero recepcionis presencium et quid feceritis in premissis nos dictis die et loco certificetis per vestras patentes litteras harum seriem continentes. Datum apud Otteford' iiij⁰ id. Julii anno domini M⁰. cc^mo. nonagesimo octavo consecracionis nostre quarto.

———

[*July 16th, 1298.   Commission to the rector of Maidstone to claim criminous clerks before the justices for gaol delivery at Maidstone, and receive them in the Archbishop's name.*]

COMMISSIO AD PETENDUM CORAM JUSTICIARIIS CLERICOS DE CRIMINIBUS ARRECTATOS ET INCARCERATOS.—Robertus et cetera dilecto filio . . rectori ecclesie de Maydestan salutem et cetera. Ad vendicandum petendum et recipiendum nostro nomine coram justiciariis domini regis ad liberacionem carceris seu Gaole de Maydestan assignatis clericos propter quecumque facinora seculari auctoritate ibidem carcerali custodie mancipatos et ad omnia alia facienda que ad id fuerint oportuna, tibi cum canonice cohercionis potestate vices nostras committimus donec easdem duxerimus revocandas. Datum apud Otteford' xvij kal. Augusti anno domini et cetera consecracionis nostre et cetera.

———

[*July 15th, 1298. Mandate to the Bishop of London in accordance with recent decrees of Convocation to publish in the cathedral church on All Saints' Day and Palm Sunday sentence of excommunication against those persons who infringe the articles of the Great Charter and the Charter of the Forest which are to be read in English; to publish in all churches of the diocese on the same festivals sentence of excommunication against those persons who plunder the property of the Church and lay violent hands on the clergy, and particularly on the Scots who have invaded the kingdom; and to command that processions be made and prayers offered throughout the diocese for the peace of the kingdom and the Church, and the success of the King and the army.*]

EXECUCIO FACIENDA DE COMMUNI CONSENSU PRELATORUM PER IPSOS PRELATOS ET PER RECTORES AC VICARIOS CONTRA OCCUPANTES BONA ECCLESIASTICA CONTRA VOLUNTATEM CUSTODUM ET CETERA.—Robertus et cetera venerabili fratri domino R. dei[1] London' episcopo salutem et fraternam in domino caritatem. Frequenter exigit repentina necessitas et congrua futurorum cautela ut et preordinata pro periculis evitandis remedia sed forsan negligenter omissa vivacius iterentur, et nova superaddatur in hujusmodi execucione medela in hiis precipue que sanctorum patrum jamdudum sanxit auctoritas, et que non possunt a nobis episcopis qui eorum statuta servare tenemur absque periculo nostre professionis omitti. Nuper siquidem in quadam convocacione prelatorum et cleri Londonie celebrata post festum sancti Hillarii anno domini M°. cc^{mo}. nonagesimo

[Fo. 247ᵛ.] sexto | per nos et coepiscopos nostros communi extitit ordinacione condictum, et eis per nos in virtute obediencie ad quorumdam eorum excitacionem injunctum, ut in cathedralibus ecclesiis et ceteris locis insignibus per episcopos ipsos, in aliis vero ecclesiis singularum diocesium per alios viros idoneos ad diocesanorum mandatum denunciarentur publice et in genere majoris excommunicacionis sentencia innodati omnes illi qui ecclesiastica bona sine grata permissione dominorum eorundem vel ballivorum suorum diriperent vel a domibus aut aliis locis ecclesiarum per violenciam amoverent, sed, ut ex post facto didicimus et graviter exinde dolemus, execuciones hujusmodi non absque multorum periculo, et eorum precipue qui ad id ex obediencie debito tenebantur, ab aliquibus coepiscopis nostris in toto ab aliis autem in parte hactenus sunt omisse, per quod quamplures malivoli quandoque

———

[1] 'gratia' omitted in MS.

sumpserunt et inposterum forsan sument majorem audaciam taliter delinquendi. In ultima eciam innovacione magnarum cartarum de libertatibus et foresta antiquitus concessarum per principem nuper facta dominus rex taliter hec innovans ordinavit et statuit quod eedem carte ad cathedrales ecclesias per totum regnum Anglie mitterentur et remanerent ibidem, quodque legerentur coram populo bis in anno et quod archiepiscopi et episcopi Anglie ferrent majoris excommunicacionis sentencias in omnes illos qui contra dictas cartas venirent facto auxilio vel consilio aut in quocunque puncto infringerent cartas ipsas, quodque iidem episcopi easdem sentencias pupplicarent vel facerent publicari in suis cathedralibus ecclesiis bis in anno, et quod episcopi super facienda publicacione hujusmodi negligentes per Cantuariensem et Eboracensem archiepiscopos qui pro tempore fuerint reprehenderentur et ad denunciaciones hujusmodi faciendas per eosdem archiepiscopos arcerentur. Nos eciam et nostri coepiscopi tunc presentes ac nobis in pontificalibus assistentes apud Westmonasterium eciam de consensu consilii domini regis tunc in partibus transmarinis agentis dictam excommunicacionis sentenciam sollempniter tulimus et pupplicavimus in vulgari. Ut igitur tam salubriter ordinata et pro tam grandi communi utilitate provisa per dissimulacionem non transeant sine fructu, jam in ultima congregacione prelatorum et cleri post festum Nativitatis sancti Johannis Baptiste apud Novum Templum Londonii per nos nostrosque coepiscopos et prelatos ac clerum nostre Cantuariensis provincie provisum extitit et condictum, ut dicte excommunicacionum sentencie contra violatores cartarum bis in anno ut supra videlicet in festis Omnium Sanctorum et Dominice in Ramis Palmarum in cathedralibus ecclesiis per episcopos si fieri possit, alioquin eorum auctoritate per alios sollempniter pupplicentur. Quia insuper dominus rex in innovacione predicta prelatis et toti communitati regni promiserat quod pro nullo negocio quicquam nomine ipsius domini regis de bonis alicujus caperetur sine tocius regni communi assensu, et si contingat, quod absit, aliquos malefactores de domibus grangiis aut aliis locis ecclesiasticis bona ecclesiasticarum personarum auferre abducere vel aliqualiter asportare sine grata permissione dominorum bonorum hujusmodi vel ballivorum suorum, quod ut premittitur de voluntate domini regis nullo modo procedere presumatur, difficile erit et sepe dampnosum personis sic spoliatis aut lesis ad suos episcopos super hoc semper habere recursum, tam nobis nostrisque coepiscopis et prelatis ac clero praedictis videbatur expediens et per eos in eadem congregacione consensum extitit et condictum, ut singulis inferioribus

prelatis rectoribus eciam ac vicariis parochialium ecclesiarum detur
per suos diocesanos expressa potestas denunciandi pupplice et
sollempniter malefactores hujusmodi, qui per facti evi-
[Fo. 248.] denciam notorie et manifeste | maleficium hujusmodi
perpetrare presument una cum eorum complicibus dicta
excommunicacionis sentencia innodatos.   Quocirca fraternitati
vestre in virtute obediencie firmiter injungendo mandamus quatinus
dictam sentenciam contra occupatores bonorum ecclesiasticorum,
prout in prima dictarum congregacionum ut supra ordinatum
extiterat, in singulis ecclesiis vestre diocesis juxta ordinacionem
eandem, memoratam vero sentenciam contra infringentes articulos
dictarum cartarum per nos et nostros coepiscopos ut supra consensu
regio interveniente prolatam secundum formam in prefata ultima
congregacione provisam dictis diebus et locis scilicet bis in anno in
festivitatibus suprascriptis faciatis in forma que superius tangitur
pupplicari, et in Anglico seriatim in omnibus ac patenter exponi
pulsatis campanis et candelis accensis ut propter sollempnitatem
hujusmodi, quam laici magis quam effectum hujusmodi sentenciarum
attendunt, amplius timeatur.   Detur eciam per vos, sicut in dicta
ordinacione ultima concorditer extitit ordinatum, inferioribus
prelatis et rectoribus ac vicariis ac etiam capellanis parochialibus
vestre diocesis plena et expressa potestas denunciandi publice ac
nominatim cum dicta sollempnitate malefactores predictos, scilicet
occupatores et invasores bonorum ecclesiasticorum si qui in hujusmodi prelatorum locis aut rectorum seu vicariorum parochiis in
futurum bona hujusmodi invaserint occupaverint aut amoverint seu
sic invadi occupari aut amoveri fecerint in notoria evidencia ipsius
maleficii majoris excommunicacionis sentencia innodatos ; proviso
tamen quod non nisi in facto notorio et evidenti ac eciam sub
testimonio sufficienti per eosdem rectores vicarios et presbiteros
taliter procedatur ; ut insuper cumulatis ad supradicta cautelis
amplius arceatur ac reprimatur perversorum iniquitas, in hujusmodi
malefactorum nominatim ut pretangitur denunciatorum presencia
cessetur ubilibet a celebracione missarum, et sic excommunicati per
singulos dies dominicos et festivos denuncientur sollempniter,
subtracta eciam eis per inhibicionem super hoc faciendam communione fidelium, quousque sic ablata restituant et exinde idonea
satisfactione premissa ab eadem sentencia congrue fuerint absoluti ;
et cum de hujusmodi maleficio perpetrato vobis per aliquem subditorum vestrorum denunciatum extiterit vel ad vos exinde publica
fama pervenerit, plenam cum celeritate justiciam fieri faciatis,
malefactores hujusmodi ac eciam fautores et complices eorundem

necnon scienter communicantes eisdem postquam id competenter
inhibitum fuerit per coherciones canonicas diligenter et acriter
puniendo. Similem eciam excommunicacionis sentenciam in omnes
illos qui manus in clericos temere violentas injecerint faciatis in
sollempnitate eadem publicari. Si vero in tantum aliquorum se
extendat iniquitas, prout forsan evenire posse timetur, quod prelati
seu ecclesiarum rectores aut vicarii sive presbiteri vel alii ecclesiastici
viri quicumque occasione premissorum vel alicujus eorum per
laicalem potenciam capiantur seu detineantur in carcere aut in
custodia quoquo modo, vobis injungimus in virtute obediencie prout
eciam in dicta ultima congregacione per prelatos et clerum ordinatum
extiterat, ut loca in quibus sic capti detinebuntur et quatuor ecclesias
proxime vicinas quatenus sub districtu vestro extiterint interdicto
ecclesiastico protinus supponatis, et sic interdicta remaneant quamdiu
taliter capti detinentur ibidem. Et nichilominus captores ac
detentores hujusmodi et auctoritatem super hoc prebentes eisdem
singulis diebus dominicis et festivis post scelus hujusmodi perpetra-
tum in omnibus ecclesiis vestre diocesis intra missarum sollempnia
          coram clero et populo pulsatis campanis et candelis accensis
[Fo. 248ᵛ.] ut magis timeatur | solempnitas denuncientur solempniter
          majoris excommunicacionis sentencia innodati. Et ut hoc
ad noticiam singulorum perveniat in Anglico exponatur donec sic
excommunicati congrua satisfactione premissa in forma ecclesie ab
eadem sentencia per competentem judicem fuerint absoluti. Quia
insuper processiones solempnes et oracionum suffragia, que pro
statu terre sancte et pace ac eciam tranquillitate et prosperitate
ecclesie regis et regni dudum salubriter ordinavimus ac mandavimus
per dioceses singulas facienda, negligenter in multis et non absque
multorum periculo hactenus ut audivimus sunt omissa, de quibus si
fierent fructus maximus merito speraretur, ac eciam dominus rex
nuper in ultima congregacione predicta per nuncios suos rogaverit
ut pro eo et suis in expedicione presenti, quam contra hostes ipsius
et regni nuper assumpsit, oraciones et suffragia hujusmodi fieri,
necnon Scotos et eorum complices, qui ecclesias regni Anglie et
loca ecclesiastica violenter invadere comburere ac bonis ecclesiasticis
ausu sacrilego spoliare pacemque regni et ecclesie patenter infringere ac perturbare presumpserant et presumunt ut dicitur,
excommunicatos publice per nostram denunciari provinciam
faceremus, vobis ut supra mandamus et injungimus quatinus dictas
processiones et oracionum suffragia tam pro statu terre sancte et
pace regni et ecclesie Anglicane quam eciam pro domino rege et
sibi adherentibus in sua expedicione presenti specialiter, necnon

denunciaciones excommunicacionum predictas per totam vestram
diocesim singulis diebus et locis quibus id expedire videritis
solempniter per vos quatenus ad vos attinet et ulterius per alios
fieri faciatis ; hec omnia tam vigilanter et sollicite prosequentes ut
ex hoc status ecclesie reformetur in melius et vestrorum apud
Deum augeatur cumulus meritorum.   Vos eciam temporibus
oportunis per totam vestram diocesim faciatis inquiri an premissa
per vestros subditos quatenus ad eos pertinent fuerint ut superius
tangitur observata.   Et nos super hiis tam de facto vestro quam
subditorum vestrorum certificetis idonee saltim semel in anno per
vestras litteras patentes harum seriem continentes.   Datum apud
Otteford' idibus Julii anno domini M⁰. cc^{mo}. nonagesimo octavo
consecracionis nostre quarto.

*Item consimilis littera exivit cuilibet episcopo Cantuariensis provincie de eadem
data.*

[*July 24th, 1298.   Mandate to the vicar of Sevenoaks and the chaplain of River-
head hospital to sequestrate the fruits of the rectory of Sevenoaks, vacant on
the resignation of Thomas de Capella.*]

SEQUESTRACIO FRUCTUUM ECCLESIE DE SEVENOK'.—Robertus
et cetera dilectis filiis .. vicario ecclesie de Sevenak' et Willelmo
Capellano hospitalis de Redrive salutem et cetera.   Cum nuper
clerum et populum decanatus de Schorham ex officio visitantes
invenerimus ecclesiam de Savenak' dicti decanatus per resignacionem Thome de Capella rectoris ejusdem vacare de jure, ipsumque Thomam coram nobis fecerimus ad judicium evocari ostensurum
peremptorie quare memorate ecclesie sic vacanti non debeamus de
persona idonea providere, volentes sicut nostris incumbit humeris
futuris periculis caucius obviare, ne fructus et proventus ipsius
ecclesie per dictum Thomam vel per alios suo aut alterius nomine
aliqualiter interim dissipentur, vobis committimus et mandamus
quatinus hujusmodi fructus et proventus in quocumque loco
repositos auctoritate nostra sequestretis et faciatis sub arto sequestro
securius detineri, donec a nobis aliud super hoc habueritis in
mandatis, contradictores et rebelles censura qua convenit ecclesiastica
compescendo.   Datum apud Otteford ix kal. Augusti anno domini
M⁰. cc^{mo}. nonagesimo octavo consecracionis nostre quarto.

[*July 24th, 1298.   Mandate to the dean of Shoreham to cite Thomas de Capella,
who has resigned the rectory of Sevenoaks but continues to hold it, to appear
before the Archbishop or his commissaries.*]

[Fo. 249.]

Robertus et cetera decano de Schorham salutem et cetera.

Nuper in clero et populo decanatus tui nostre jurisdiccionis immediate visitacionis officium exercentes ex fidedignorum testimonio invenimus quod ecclesia de Sevenak' ejusdem decanatus per spontaneam resignacionem Thome de Capella rectoris ejusdem de jure vacare communiter reputatur, quamquam idem Thomas ipsam adhuc de facto detineat occupatam; nolentes igitur ipsius ecclesie statum et regimen cum animarum periculo sub incerto diucius fluctuare, tibi precipimus et mandamus quatinus peremptorie cites vel citari facias dictum Thomam in ecclesia predicta vel in domibus ad rectoriam ejus pertinentibus si ibidem valeat reperiri, alioquin procuratorem suum si quem dimiserit in eisdem, et nichilominus ipsius citacionis edictum in eadem ecclesia publice proponatis quod compareat coram nobis vel commissariis nostris proximo die juridico post festum sancti Michaelis precise et peremptorie propositurus ostensurus et quatenus jus patitur seu permittit probaturus, quare dicte ecclesie sic vacanti de persona idonea consulere minime debeamus, et ipsum Thomam de facto dictam ecclesiam illicite detinentem amovere prout jus dictaverit ab eadem et cetera facere que ad hec fuerint oportuna; necnon ad personam jurandum et interrogandum ab eodem ex officio legittime respondendum, ulteriusque faciendum et recipiendum cum continuacione et prorogacione dierum usque ad ipsius negocii expedicionem finalem juxta naturam et qualitatem ejusdem quod juris fuerit et consonum equitati, denunciantes eidem quod sive venerit sive non, extunc in ipso negocio quatenus de jure poterimus procedemus. De die vero recepcionis presencium et quid feceris in premissis nos dictis die et loco certifices per tuas patentes et cetera. Datum apud Otteford ix kal. Augusti et cetera.

———

[*Undated. Mandate to the Bishop of Rochester to publish the sentence of excommunication at Cliffe-at-Hoo and the neighbouring churches on all who assaulted the friends and servants of the rector of Cliffe-at-Hoo and now besiege them in the rectory, to inquire their names and cite them to appear before the Archbishop.*]

DENUNCIACIO GENERALIS CONTRA IMPETRANTES RECTOREM ECCLESIE DE CLIVE COLLIGENTEM DECIMAS. INQUISICIO DE NOMINIBUS ET CITACIO.—Robertus et cetera venerabili fratri domino Thome dei gracia Roffensi episcopo salutem et cetera. Intelleximus nonnullis referentibus fidedignis quod quidam filii degeneres jura perturbare ecclesiastica non verentes quosdam familiares et ministros magistri Johannis de Bestan rectoris ecclesie de Clyve tam clericos quam laicos ad colligendum decimas et alios fructus autumpnales nuperime deputatos hostiliter sunt aggressi, et nedum verberibus

sed eciam vulneribus gravibus afflixerunt, eosdem ipsosque flagi-
ciosas manus per fugam nitentes evadere et in domibus rectorie
dicte ecclesie ubi tutum refugium habere sperabant ingressos
insequabantur, et cum multitudine armatorum ipsos una cum
capellanis et aliis ministris ipsius ecclesie in hujusmodi manso
undique appositis custodibus et insidiis ne exeant obsederunt, et
adhuc obsidere nequaquam formidant, quominus sine mortis
periculo aliquis ad ecclesiam ipsam pro celebracione divinorum vel
ad agros pro colligendis decimis vel aliis fructibus ad rectoriam
spectantibus exire valeat juxta morem ; quibus quidem male-
factoribus nonnulli vestri subditi cooperando perhibentur assensum
prebere et horrenda hujusmodi scelera exemploque perniciosa una
cum aliis perpetrare ; ex quibus contigit dictum rectorem et
ecclesiam suam juribus et decimis suis per hujusmodi excogitatam
maliciam nequiter defraudari, ipsasque garbas decimales tum
contrectacione furium tum conculcacione brutorum animalium
denegata custodia non absque magno detrimento consumi. Cum
igitur tam nephandi sceleris factores pariter et auctores eorumque
complices et fautores non sit dubium in majoris excommunicacionis
sentenciam tam a canone quam in Oxon' concilio promulgatam
dampnabiliter incidisse, fraternitati vestre mandamus quatinus omnes
      sacrilegos prenotatos tantique participes facinoris ac con-
[Fo. 249ᵛ.] silium auxilium vel assensum prebentes eisdem, quam diu in |
      sua pertinacia perseveraverint, singulis diebus dominicis et
festivis in ecclesiis vestre jurisdictioni subjectis circumquaque ecclesie
de Clyve memorate vicinis pulsatis campanis et candelis accensis ad
cautelam intra missarum solempnia coram clero et populo denuncietis seu denunciari faciatis in genere hujusmodi excommunicacionum
sentenciis involutos. Et ne tam enormis offensa deo et ecclesie tante
presumpcionis audacia violenter illata transeat aliqualiter impunita,
de nominibus sacrilegorum hujusmodi quatenus ad vos pertinet
diligenter inquiratis et faciatis inquiri. Et si quos tantarum
culparum commissores inveneritis vel auctores, citetis vel faciatis
citari eosdem quod compareant coram nobis tercio die juridico post
festum Assumpcionis beate Marie ubicumque tunc in civitate diocesi
vel provincia Cantuariensi fuerimus, precise et peremptorie proposituri et ostensuri racionabile si quod habeant quare ipsos
notorios libertatum ecclesiasticarum violatores non debeamus
declarare in hujusmodi majoris excommunicacionis sentencias
specialiter incidisse, et alias pro tante enormitatis excessibus anim-
adversione punire condigna cum racione hujusmodi delicti infra
nostram jurisdiccionem commissi forum coram nobis de jure sortiri

noscantur. Ipsumque inquisicionem super hiis factam una cum nominibus malefactorum quos inveneritis in hac parte nobis dicto die sub sigillo vestro inclusam fideliter transmittatis. De die vero recepcionis presencium et quid feceritis in premissis nos dictis die et loco certificetis per vestras patentes litteras et cetera.

———

[Undated.   Letter to the prior of Ely in answer to his inquiry about the punishment of Robert of Swaffham, a monk guilty of incontinence.]

INFORMACIO PRIORIS ELYENSIS SUPER CORRECCIONE FRATRIS R. DE S. MONACHI SUI.—Robertus et cetera dilecto filio . . priori ecclesie Elyensi salutem et cetera. Litteras vestras recepimus quibus nos consulere curavistis qualiter agendum sit in correccione fratris Roberti de Swafham commonachi vestri super incontinencie crimine tam enormiter et notorie in religionis vestre opprobrium deprehensi, prout vestre littere quibus standum credimus in hiis que confratres vestros et religionis statum tangunt plenius testabantur. Vestre igitur consultacioni presentibus respondemus quod idem frater secundum disciplinas regulares puniendus est, sicut ille qui per facti notorietatem super culpis gravioribus est convictus, cujus penam sanctissimi patroni vestri Benedicti norma qua regulari vos convenit exprimit satis plane. Verum quia tam enormi excessus evidencia contra religionem et confratres non modicum scandalum introducit, volumus et mandamus firmiter injungendo quod idem frater Robertus a confratrum suorum communione totaliter sequestratus per vos carcerali custodie districcius mancipetur, a qua sine nostra speciali gracia ipsum nolumus liberari ; aliis penis condignis tanto proporcionatis delicto per vos secundum regulares observancias nichilominus feriendus, ita quod vindicta ex equo excessui respondente idem et ceteri a tantis offensis et dissolucione deinceps cohibeantur formidine debite ulcionis. Hanc eciam nostram epistolam coram vestris confratribus in capitulo vestro ex injuncto publice recitantes, premissis monicionibus inhibeatis ipsis omnibus et singulis vice et auctoritate nostra, ne quis eorum impediat aut procuret vel consenciat impediri ejusdem fratris correccionem canonicam justo ut premittitur arbitrio infligendam sub pena excommunicacionis majoris, quam exnunc ut extunc in contravenientes legittime proferimus in hiis scriptis. Et si qui contra premissa quicquam temere presumpserint attemptare ipsorum nomina nobis quamcicius rescribatis. Valete. Datum et cetera.

———

[*Undated. Mandate to the dean of Shoreham to cite Reginald de Brandon',*
rector of Orpington, to appear before the Archbishop to answer on what
pretext he holds the rectory together with the church of Littlebury in the
diocese of London.]

CITACIO R. DE BRANDON' RECTORIS DE ORPINTON' SUPER
PLURALITATE.—Robertus et cetera dilecto filio ˙. . decano de
Schorham salutem et cetera. Cum nuper decanatum de Schorham
nostre jurisdiccionis immediate tam in clero quam in populo ex
officii nostri debito prout nostris incumbit humeris personaliter
visitantes, invenerimus tum per facti notorietatem tum fama
[Fo. 250.] publica referente quod magister | Reginaldus de Brandon',
qui se gerit pro rectore ecclesie parochialis de Orpington'
dicti decanatus ad collacionem nostram pleno jure spectantis,
eandem ecclesiam, cui non modica cura iminet animarum, una cum
parochiali ecclesia de Litlebury Londoniensis diocesis consimilem
curam habente non absque ambicionis et cupiditatis vicio ac transgressionis nota canonum contra jus commune notorie per multa
tempora tenuit, et adhuc detinet occupatam, fructus earundem quos
suos nequit facere temere contrectando ; nosque jus suum seu
titulum, si quem habet in dicta ecclesia de Orpington' penitus
ignoremus, volentes tanto cicius nostram super hiis conscienciam
serenari, quo in premissis majus periculum indies vertitur animarum ;
tibi committimus et mandamus firmiter injungendo quatinus prefatum
magistrum Reginaldum in ipsa ecclesia de Orpington' et manso ad
ejus rectoriam pertinente si ibidem personaliter poterit inveniri,
alioquin procuratorem suum si quem dimiserit in eisdem, et nichilominus citacionis edicto in dictis ecclesia et manso coram familiaribus
suis parochianis et amicis puplice proposito peremptorie cites seu
citari facias, quod compareat coram nobis secundo die juridico post
festum sancti Michaelis ubicumque tunc et cetera ; titulum si quem
habeat in prefata ecclesia de Orpington' et quo jure eam teneat,
necnon et jus speciale seu racionabile si quod subsit cujus pretextu
ipsam una cum ecclesia de Litlebery licite retinere valeat, precise et
peremptorie exhibiturus propositurus et ostensurus ac, quatenus jus
exigit seu permittit, legitime probaturus et facturus quod ulterius et
recepturus juxta ipsius negocii qualitatem et naturam cum continuacione et prorogacione dierum usque ad ejus expedicionem finalem
quod juris fuerit et consonum equitati ; denuncians puplice quod
sive venerit sive non, extunc ejus non expectata presencia in ipso
negocio quantum de jure poterimus procedemus. De die vero
recepcionis presencium et quid feceris in premissis nos dictis die et
loco certifices per tuas patentes et cetera. Datum et cetera.

[*Undated. Mandate to the dean of Shoreham to cite Hugucio, the rector of Shoreham, to appear before the Archbishop and show his title to the rectory, and answer on what pretext he holds it together with the parish church of Castiglione in the diocese of Arezzo.*]

CITACIO RECTORIS DE SCHORHAM SUPER PLURALITATE.— Robertus et cetera dilecto filio . . decano de Schorham salutem et cetera. Cum nuper tam in clero quam in populo decanatus de Schorham visitacionis nostre officium prout nos incubuit personaliter excercentes, fama invenerimus referente quod Hugucio qui se gerit pro rectore ecclesie parochialis de Schorham ad collacionem nostram spectantis plebaniam de Castelym Aretynensis diocesis cui cura iminet animarum una cum dicta ecclesia parochiali consimilem curam habente notorie detinet occupatam, licet jus suum si quod in ipsa ecclesia parochiali habeat totaliter ignoremus, volentes igitur prout ad nos pertinet nostram super premissis conscienciam serenari, tibi mandamus firmiter injungendo quatinus prefatum Hugucionem in dicta ecclesia de Schorham et capellis dependentibus ab eadem et earum mansis, si personaliter ibi reperiatur, alioquin ipsius procuratorem si quem in eis dimiserit, et nichilominus citacionis edicto in dictis ecclesia et capellis coram clero et populo solempniter et puplice proposito, peremptorie cites seu citari facias quod compareat coram nobis seu commissariis vel auditoribus nostris secundo die juridico post festum sancti Luce ewangeliste ubicumque tunc et cetera ; titulum si quem habeat in dicta ecclesia de Schorham et quo jure eam teneat, necnon et jus speciale si quod habeat cujus pretextu ipsam una cum dicto plebanatu licite valeat retinere, precise et peremptorie propositurus exhibiturus et ostensurus ac, quatenus jus exigit et permittit, legittime probaturus facturusque ulterius et recepturus cum continuacione et prorogacione dierum secundum ipsius negocii qualitatem et naturam usque ad expedicionem ejus finalem quod exegerit justicie rectitudo. De die vero recepcionis presencium et quid feceris et cetera. Datum et cetera.

[*August 20th, 1298. Mandate to the Archbishop's men and tenants of Romney to appear before him on the following Sunday at Mayfield to discuss their disputes with each other and the men of Winchelsea.*]

HOMINIBUS DE ROMENAL PRO SEDANDIS CONTROVERSIIS INTER EOS.—Robertus et cetera dilectis et fidelibus hominibus et tenentibus suis ville de Romenal salutem et cetera. Cum [Fo. 250ᵛ.] nuper intellexerimus | materiam discordie et dissencionis inter vos et quosdam alios tenentes nostros ejusdem ville fuisse subortam, nos mera caritate moti licium et jurgiorum materiam amputare volentes, vobis per nostras litteras dedimus in mandatis ut per sex vel quatuor vestre communitatis ex parte una et totidem ex parte adversa certis loco et die jam transactis nostro conspectui representaretis super premissis tractaturi, vos predictis die et loco ex causa insufficienti ut nobis videtur vestre absencie causam per litteras vestras modo excusacionis pretendentes nullatenus venire curastis ; quas quidem litteras in sui serie multiplici de causa reperimus indecentes nec dominali subjeccioni ullatenus reverentes, tum quia vos in eisdem litteris spirituali dumtaxat subjeccioni pretenditis nobis esse subjectos, tum quia villam de Romene eisdem litteris vestram esse asseritis nullam nobis quatenus in vobis est dominacionem in eadem attribuentes, tum quia eisdem litteris vestris nobis significastis quod quedam contenciones inter vos et quosdam homines de Wynchelese [1] subito et de novo sunt exorte, rogantes quod de eisdem contencionibus cedandis celeriter tracta- remus, nec tamen de modo contencionis aut eciam de eorum personis quos negocium contingit seu a quibus predicte contenciones ortum habuerunt nullatenus significastis, asserentes insuper hujusmodi contencionis causam pretextu juris et libertatis nostre Cantuariensis ecclesie esse exortam, nostrumque auxilium tanto acerbius invocantes, quam quidem causam nobis nullatenus expressistis. Et preterea de principali causa in litteris nostris alias vobis directis ut pre- mittitur inserta, nullam fecistis mencionem sed absencie causam quesito colore tantummodo pretendistis, propter quod eodem caritatis vinculo quo prius astricti eramus predictarum contencionum materias cedare [2] cupientes, vobis mandamus quatinus hac instanti die dominica proximo ventura sub modo et forma nostris prioribus litteris inde directis insertis, coram nobis apud Maghefeld' omni excusacione postposita vos nostro conspectui representetis, ut dictas contenciones divino auxilio mediante vobis presentibus valeamus plenius discutere et quatenus nobis erit possibile fine debito termi- nare. Datum apud Odymere xiij^mo kal. Septembris consecracionis nostre anno quarto.

[*August 23rd, 1298. Exhortation from the Archbishop to all the bishops of the province to see that services of praise to God are held throughout their cities and dioceses for the King's recent success against the Scots.*]

LITTERA AD OMNES SUFFRAGANEOS AD LAUDANDUM DOMI- NUM SUPER PROSPERO EVENTU REGIS IN BELLO SCOCIE.—Robertus permissione divina et cetera venerabilibus fratribus coepiscopis ac

---

[1] *Sic* MS.   [2] *Sic* MS. for 'sedare'.

universis suffraganeis nostre provincie Cantuariensis salutem et fraternam in domino caritatem.   Satis longe lateque diffusa notorietas facinorosa Scotorum deliramenta declarat que misso tranquillitati libello repudii pacis dirumpunt federa, mutueque caritatis vincula dissolvunt ac nephandiores exinde consequencias inducunt atrociterque committunt.   Dicito nobis petimus quis locus parcium borealium nuperime tutus erat quem piaculosa Scotorum flagicia proserpere minime formidarant, aut que status eminencia vel alterutrius sexus condicio ab ore funestorum gladiorum tutamen habuerat, dum ipsorum furibunda discurrensque audacia in nostrates desevierat profecto, nisi maxillas eorum docens manus ad prelium constrinxisset, ad dicte regionis prosiluissent irreparabilia detrimenta. Sane nuper regressus rex noster illustris de partibus gallicanis publice necessarieque defensionis contra deliros predictos assumpto propagulo cum proceribus et optimatibus Anglie Scociam est ingressus, ut pacis tranquillitatem in manu forti bellatorum redimeret quam inhumana perversorum audacia primitus denegavit.   Porro rex idem prout vos scire credimus in eo quod sana nisi fallamur satagebat consciencia ad optatum pervenit exordium, per quod omnia rite gerentur si decens sit et amabile Iesu Christo.   Cum igitur rex regum divinam et humanam potenciam suo non [Fo. 251.] alieno | regens imperio erectos deprimat, elisos erigat, montuosa complanet, et in virtute sua dimicantibus semper assistat, merito quibus valemus excolendus est laudibus et condignis atollendus preconiis, quem regi predicto speramus assistere dimicanti ac sicut duo fugantes decem milia mirifice triumphanti. Quocirca nos nuper per nobilem puerum Edwardum illustris regis nostri filium specialiter per suas litteras interpellati qui eciam a dicto patre suo receperat litteratorie in mandatis ad notificandum nobis suam quo ad hoc voluntatem, prout in ipsis litteris regiis quas nobis predictus puer miserat vidimus plenius contineri, ut deo per quem omnia prosperantur laudes et gracias referemus pro eo quod ipsi domino regi in inicio sue expedicionis contra adversarios ipsius et regni volente deo cessit prospere hiis diebus, fraternitatem vestram requirimus atque in domino quantum possumus exhortamur quatinus deum, qui facit mirabiles res in cujus manu corda sunt regum quibus in viis ejus ambulantibus non adversabitur quicquam, propensioribus laudibus collaudare devocionibus preconiis attollere studeatis, fusis ad eum oracionibus et suffragiis oportunis, illud per omnes civitates vestras et diocesis diligencius fieri facientes ut sic, dum deus in sua ineffabili potencia ad nos per quem in hoc exilio vivimus multiphariam dirivata suppliciter collaudatur, apud eum regi nostro sibi assistentibus atque nobis salutaris gracie cumulus augeatur. Et quia brevitas temporis nos artabat quominus singulis vestrum singulas litteras scriberemus, retenta penes quemlibet vestrum istius mandati copia, retradatur originale si placet presencium portitori. Valete semper in Christo. Datum apud Maghefeld' x kal. Septembris anno domini et cetera consecracionis nostre quarto.

[*August 25th, 1298. Faculty to John de Drokensford to ask any bishop of the province of Canterbury, the see of Ely being vacant, to reconsecrate the church and cemetery of Balsham.*]

COMMISSIO RECONSECRANDI ECCLESIAM DE BALSHAM ET CIMITERIUM ELYENSIS DIOCESIS SEDE VACANTE.—Robertus et cetera dilecto filio Johanni de Drokenesford salutem et cetera. Quia nos ad ecclesiam de Balsham Elyensis diocesis ad nostram jurisdiccionem sede vacante spectantis per locorum distancias ad presens multum sumus remoti, tibi ut per quemcumque episcopum nostre provincie Cantuariensis quem ad hoc inducere vel procurare poteris, cimiterium ecclesie de Balsham quod per non modicam sanguinis effusionem prout asseris dudum extiterit exsecratam, una cum ecclesia loci ejusdem quatenus reconciliacione indiget reconciliari valeat liberam tenore presencium concedimus facultatem ; ratam habentes reconciliacionem quam quis suffraganeorum nostrorum ut premittitur duxerit exequendam. Datum apud Suhtmalling' viij kal. Septembris consecracionis et cetera.

[*August 28th, 1298. Mandate to the prior of Canterbury that the Archbishop's injunctions given after the recent visitation are to be observed.*]

PRIORI CANT' UT OBSERVENTUR INJUNCCIONES IN VISITACIONE RELICTE.—Robertus et cetera dilecto filio . . priori ecclesie nostre Cantuariensi salutem et cetera. Visitantibus nobis dudum nostram Cantuariensem ecclesiam antedictam super observanciis quibusdam inibi observandis et excessuum reformacione quasdam fecimus temporales injuncciones, donec super aliis faciendis pleniorem haberemus deliberacionem ; quas quidem injuncciones expleta visitacione penes vos dimisimus ut easdem inter conventum vestrum faceretis firmiter observari. Verum ut intelleximus ex relatu fidedigno quidam de eodem conventu eisdem injunccionibus non absque inobediencie nota contraire in salutis sue dispendium et animarum periculum non formidant, et easdem observare contumaciter contempnunt in elusionem nostram et visitacionis nostre antedicte, licet super eisdem observandis per vos nostra auctoritate et mandato quampluries moniti extiterint et canonice requisiti, sue rebellionis causam pretendentes quod hujusmodi juris injunccionibus factis nullatenus consenserunt, quod absurdum erroneum et omni juri contrarium esse dinoscitur, quod subditorum super correccionibus et reformacionibus excessuum per suum prelatum et [Fo. 251ᵛ.] superiorem faciendis ipsos tangentibus ullatenus | debeat requiri seu eciam adhiberi, cum pocius hiis que feliciter ac salubriter statuta sunt per eundem prelatum ob animarum suarum salutem et regularis discipline observanciam humiliter suscipere et devote teneantur adimplere. Quocirca vobis et in absencia vestra ceteris presidentibus in virtute obediencie committimus et sub pena canonice districcionis firmiter injungendo mandamus, quatinus hujusmodi nostras injuncciones ut premittitur penes vos dimissas in omnibus suis articulis per nostros et vestros subditos faciatis et faciant inviolabiliter observari, quousque finales nostras injuncciones vobis duxerimus transmittendas ; contradictores et rebelles per quamcumque regularem districcionem efficaciter compescendo, scientes quod si in premissorum execucione inventi fueritis vel fuerint negligentes vel remissi, quam cicius poterimus illam quam poterimus medelam proponimus adhibere. Valete. Datum apud Suhtmalling' vᵒ kal. Septembris consecracionis nostre anno quarto. Volumus autem quod istud mandatum nostrum [*unfinished*].

[*August 30th, 1298. Mandate to the Archbishop's official in the diocese of Ely to dispose prudently of the fruits of the vacant church of Downham, belonging to the Archbishop.*]

QUOD FRUCTUS VACANTIS ECCLESIE DE DOWNHAM AD DOMINUM PERTINENTES DISTRAHANTUR.—Robertus permissione divina ·et cetera dilecto filio.. officiali nostro Elyensi sede vacante salutem et cetera. Quia fructus et proventus de Dounham Elyensis diocesis tempore vacacionis ejusdem ecclesie ad nos spectare dinoscuntur, qui in autumpno jam preterito per vos collecti fuerant vice nostra, volumus quod per vestram discrecionem et ordinacionem prudenter distrahantur, vobis eciam mandantes quatinus dictos fructus per fideles et fidedignos estimari fideliter faciatis, et plus offerentibus et dare volentibus per vos vendantur et tradantur ; ita videlicet quod si Jacobus de Columbariis nunc rector loci ejusdem dictos fructus emere voluerit, in eorundem fructuum empcione ceteris aliis preponatur, dum tamen de precio ipsorum fructuum terminis per vos eidem statuendis idoneam prestiterit caucionem, de qua quidem caucione vos vestro periculo respondere volueritis cum super hoc ex parte nostra fueritis congrue requisiti. Datum apud Suhtmalling' iijᵒ kal. Septembris et cetera.

[*September 1st, 1298. Mandate to the subprior and canons of Cumbwell to elect a suitable prior.*]

QUOD CANONICI DE CUMBWELLE SIBI ELIGANT YDONEUM PRIOREM. — Robertus et cetera dilectis filiis . . suppriori et canonicis de Coumbewelle salutem et cetera. Visitantibus nobis nuper monasterium vestrum antedictum . . prior vester in manibus nostris cessit prioratum et quicquid juris habuit in eodem, nos ipsius cessionem tunc temporis admittentes certis ex causis ipsius monasterii spiritualitatem uni vestrum et temporalitatem alii commisimus custodiendas, donec de eisdem aliud duxerimus ordinandum. Advertentes siquidem et considerantes ipsius monasterii vacacionem diutinam periculosam esse et dampnosam, volentes hujusmodi dampnis et periculis que contingere possunt competentem adhibere medelam, vobis ut eidem monasterio vestro de idoneo priore providere valeatis, liberam tenore presencium concedimus facultatem, vosque monemus et in domino exhortamur quatinus ipsum, quem predicto monasterio vestro credideritis et sciveritis utilitatem ac eciam in spiritualibus et temporalibus magis idoneum et expertum, nominare et eligere studeatis, ulteriusque super hiis quod vobis incumbit facientes ne in vestri defectum, quod absit, partes nostras ut tenemur, quod forsan vobis non placeret, apponere debeamus. Valete. Datum apud Suhtmalling' kal. Septembris anno domini Mᵒ. ccᵐᵒ. nonagesimo octavo consecracionis nostre quarto.

———

[*Records of Allowances to the Archbishop of Canterbury at the Exchequer in the reign of Henry III.*]

Allocancie facte domino archiepiscopo Cantuariensi ad scaccarium de quibus potest vocare warentum et recordum de toto tempore regis Henrici filii regis Johannis.

[Fo. 252.] In anno primo nec secundo nulla facta fuit allocancia.

In anno tercio archiepiscopus habet allocanciam de dimidia marca pro defalta. Et quia non habuit. Et pro murdro de hundredis et hominibus suis. Item eodem anno eidem archiepiscopo quia non habuit. Et de catallis fugitivorum. Et pro falso clamore. Et de precio cujusdam arboris que occidit quendam hominem de hominibus suis. } Sussex'.

In anno quarto nichil. In anno quinto habuit allocanciam. Quia non habuit. Et quia non est prosecutus. Et pro injusta retencione. } Sussex'.

De eodem anno quinto.   Quia non habuit.   Et
quia non warantizavit veredictum suum.   Et de catallis
cujusdam fugitivi.   Et quia non est prosecutus.   Et
pro injusta retencione.   Et de misericordiis hominum ⎬ Kanc'.
villatarum et hundredorum de quodam itinere per
quatuor allocancias.   Et pro licencia concordandi ubi
non dicitur de fine eodem anno.

Eodem anno de villata de Suhtwerk' de veteri
tallagio.   Et de catallis duorum fugitivorum.   Et de ⎬ Surr'.
misericordiis hominum archiepiscopi.

Anno sexto allocatum fuit.   Pro plegiagio.   Et
pro injusta retencione.   Et pro falso clamore.   Et quia ⎬ Kanc'.
recessit sine licencia.

Eodem anno sexto allocatum fuit archiepiscopo. ⎫ Lond' et
Quia non habuit.   ⎭ Midd'.

In anno septimo allocatur eidem.   Pro disseisina.   Et pro
transgressione.   Et quia non habuit.   Et pro injusta retencione.
Et quia non est prosecutus.   Et pro defalta de hominibus suis.
Non plus allocatum fuit archiepiscopo in toto tempore regis Henrici
in magno rotulo unde posset vocare.

De pipa.

In anno vicesimo quinto regis Edwardi allocatum fuit . .
archiepiscopo Cantuariensi in rotulo xxvᵒ xls. de priore ecclesie
Christi Cantuariensis pro disseisina.

Item de eodem priore de eodem anno pro disseisina x libri in
quibus amerciatus fuit coram Roberto Fulcone et sociis suis justiciariis assignatis in diversis comitatibus anno regni regis Edwardi VIIᵒ
et VIIIᵒ.

——

[*September 22nd, 1298.   Commission to the Archdeacon of Chester and the precentor
of Lichfield to hold an inquiry into the value of certain tithes in the parish
of Tutbury, about which there were disputes between the prior and convent
of Tutbury and the vicar.*]

AD INQUIRENDUM DE VALORE DECIMARUM INFRA SCRIPTARUM
ET CITANDUM PARTES.—Robertus permissione divina et cetera
dilectis filiis magistris Roberto de Radeswelle archidiacono Cestr'
et Ade de Waleton' ecclesie Lichfeldensis precentori salutem et
cetera.   Quia de quibusdam contentis in ordinacione quam de
vicaria de Tuttebery dudum sede Coventrensi et Lichfeldensi
vacante jure metropolitico fecimus, videlicet de decimis pannagii de
foresta domini comitis de Ferrariis que in diversis parochiis consistere

dicuntur, et de decimis pullorum de haratio ejusdem comitis in foresta predicta, ac mellis in eadem foresta necnon venacionis in ea, insuper et denariorum proveniencium ad manus dicti comitis de rebus superius annotatis, et de oblacionibus annuis factis in parochia memorata, inter priorem et conventum Tutteber' ecclesiam ipsam in usus proprios habentes ex parte una et Petrum vicarium loci ejusdem ex altera diverse calumpniarum ac querelarum materie diebus singulis oriuntur, propter quod tam religiosis eisdem quam eciam dicto vicario frequenter imponitur et vagandi [Fo. 252ᵛ.] necessitas et suis | intendendi officiis aufertur oportuna facultas; volentes per declaraciones premissorum idoneas eorum quieti ac eciam indempnitati prospicere et eos ad caritativam concordiam revocare, vobis conjunctim et divisim committimus et mandamus quatinus ad locum idoneum quam cicius oportune poteritis accedentes, vel alter vestrum accedens, per viros idoneos non suspectos de veritate dicenda juratos et secreto ac sigillatim de annotatis inferius examinandos. Denunciato prius partibus ante-dictis legittime quod hujusmodi inquisicioni intersint si sibi viderint expedire diligencius inquiratis, vel alter vestrum inquirat, de valore annuo, quatenus juxta opinionem communem poterit estimari, omnium dictarum decimarum quatenus surgunt seu proveniunt de terris nemoribus aut pasturis dicte parochie, ac de quantitate et estimacione omnium oblacionum predictarum et de valore hujusmodi prout sic estimari poterit taliter inquisito, inquisicionem eandem nobis ad secundum diem juridicum post festum Commemoracionem Animarum ubicumque tunc et cetera, sub vestro sigillo mittatis vel mittat alter vestrum inclusam. Ad quos diem et locum partes memoratas peremptorie citetis seu faciatis citari aut faciat alter vestrum quod coram nobis sufficienter compareant, pupplicacionem inquisicionis hujusmodi visuri ulteriusque facturi et recepturi quod postulaverit ordo juris. Et quid in premissis feceritis aut fecerit alter vestrum nos dictis die et loco certificetis seu certificet alter vestrum qui illud fuerit executus per patentes litteras harum seriem continentes. Datum apud Pageham xº kal. Octobris anno domini et cetera con-secracionis nostre quinto.

———

[*Letter to the Bishop of Durham begging him to make known to his friends and acquaintances that the Bishop was no longer angry with Master Reginald of St. Albans.*]

QUOD DUNELMENSIS REMISSIONEM INDIGNACIONIS CONTRA MAGISTRUM R. DE SANCTO ALBANO SUIS NOTIFICET ET CETERA.— Venerabili in Christo patri et amico suo precordialissimo domino

. . dei gracia episcopo Dunelmensi Robertus permissione ejusdem
Cantuariensis archiepiscopus et cetera salutem, et ad beneplacita
sua in domino totaliter se paratum. Quia de status nostri con-
tinencia plenius certiorari vestram gratitudinem novimus affectare,
vobis significamus quod benedicto altissimo nostro modo vigemus
corporis sanitate, de vobis prospera audire quin pocius scire
precordialiter scicientes. Ceterum quia a vestra circumspecta
memoria nullatenus credimus excidisse qualiter ad affectuosas
preces nostras vobis sepius repetitas magistro Reginaldo de sancto
Albano indignacionem vestram, quam tercia lingua nequam interveniente concepistis graviter contra eum, affectu benivolo remisistis,
nosque eidem magistro Reginaldo in curia Romana existenti et ad
propria remeare hujusmodi pretextu quam plurimum metuenti
dicte reconciliacionis sue scripserimus consolamen, ad nos rediit de
curia jam securus, et interim donec a vobis responsum habueri-
mus super istis, sub nostro latitat umbraculo confidenter. Quocirca vestre illibate amicicie corditer supplicamus quatinus vestris
familiaribus et notis dicti amici nostri reconciliacionem dignemini
expressius intimare, et per hoc securior transitus mora eidem
pateat in natali solo ubi prout sibi est proprium affectat vivere
atque mori, nobisque ad ipsius et nostri solacium per latorem presencium confidentissime significare velitis litteratorie super premissis et omnibus aliis que vobis placuerint vestre beneplacitum
voluntatis. Valete semper in filio virginis gloriose. Datum apud
Suhtmalling'.

[*October 5th, 1298. Statutes and ordinances drawn up by the Archbishop after
his visitation of the collegiate church of South Malling, in his peculiar
jurisdiction.*]

STATUTA ET ORDINACIONES RELICTE IN ECCLESIA PRE-
BENDALI SUTHMALLING' POST VISITACIONEM.—In nomine domini
Amen. Nos Robertus permissione divina et cetera. Ecclesiam
collegiatam Submalling' nostre immediate jurisdiccionis Cycestrensis diocesis tam in personis quam rebus ecclesie supradicte ex
officii nostri debito personaliter visitantes ad perpetuam rei memo-
riam ordinamus et statuimus infrascripta in perpetuum in eadem
ecclesia inviolabiliter observanda. Ut videlicet decanus penitenciarius et sacrista qui pro tempore fuerint in ecclesia memorata
perpetue et continue, quodque ceteri canonici ipsius ecclesie
quadraginta diebus ad minus quolibet anno secundum statuta ipsius

ecclesie que vidimus auctoritate sedis apostolice confirmata, personaliter resideant in eadem ; alioquin quintam partem suorum
proventuum eodem anno quo totaliter absentes fuerint et
[Fo. 253.] residenciam hujusmodi non fecerint | residentibus dis-
tribuant inter eos equaliter dividendam. Et quod quilibet
eorum in sua installacione in presencia canonicorum et aliorum
ipsius ecclesie ministrorum tunc presencium ad observandum premissa juramentum subeat corporale, a quibus illos dumtaxat
excipimus qui in nostris vel sedis apostolice obsequiis commorantur,
et cum quibus super hiis duxerimus specialiter dispensandum.
Statuimus insuper et pro futuris temporibus ordinamus quod cum
vicarii dicte ecclesie Submalling'[1] teneantur residere et divinis
obsequiis continue insistere in eadem, nullus de cetero vicarius in
ipsa ecclesia admittatur vel prius admissus retineatur qui alibi quam
in eadem ecclesia Submalling'[1] de jure vel consuetudine ad residen-
ciam teneatur. Item statuendo adicimus quod nullus canonicus vel
quodcumque gerens officium seu ministerium in eadem ecclesia
fructus suarum prebendarum seu porcionum ecclesiasticarum laico
ad firmam presumat tradere cuicumque. Ad hec statuendo ordinamus quod instrumenta et munimenta ecclesie et sigillum commune
in una cista sub serura duarum clavium diversarum custodiantur in
futurum ; ita videlicet quod si duo canonici in eadem ecclesia
resideant uterque eorum durante tempore sue residencie unam de
dictis clavibus in sua obtineat custodia ; ita ut quicumque ipsorum
se absentaverit ab ecclesia memorata alteri residenti clavem non
habenti suam clavem tribuat conservandam. Quod si unus dumtaxat
canonicus residens fuerit ipse unam, decanus vero ipsiusve in ejus
absencia ob aliquam causam in eadem ecclesia vices gerens alteram
debeant custodire. Si vero contingat aliquo tempore nullum
omnino canonicum in eadem ecclesia residere volumus et ordinamus
quod penitenciarius et sacrista divisim ut prius easdem claves
custodiant diligenter. Ut autem hec saluberima statuta per nos
edita ad honorem dei et cultus divini augmentum propter ipsius
ecclesie honestatem pariter et utilitatem futuris temporibus inviolabiliter observentur, districtius inhibemus ne quis inposterum ea in
toto vel in parte presumat temerariis ausibus violare sub pena
excommunicacionis majoris quam exnunc in omnes et singulos
contravenientes in premissis vel aliquo predictorum canonice proferimus in hiis scriptis, ut sic metu pene ab eorum transgressione
dampnabili caveatur. Datum et actum apud Suhtmalling' iij° non.

---

[1] In the margin in a later hand 'Suthmall''.

Octobris anno domini M°. cc^mo. nonagesimo octavo consecracionis nostre quinto.

[*Undated.   Letter to the Bishop of London sympathizing with him in his illness, and assuring him that the Archbishop had never had cause to blame him.*]

CONSOLATORIA LOND' EPISCOPI EGROTANTIS.—Robertus permissione divina et cetera venerabili fratri domino R. dei gracia Londoniensi salutem et fraternam et cetera.   Intellecta ex recitacione litterarum quas nobis misistis corporee invalitudinis vestre affliccio non minoris incendii cordi nostro puncturam intulit si fas est dicere quam membris vestris dolorem, dum ex nepotis vestri ad nos missi relatu et litterarum dictarum serie vos morbo vexari concepimus tam amaro in quo providam quesumus gerite modestiam et pacienciam habete, illud sacrum eloquium advertentes quod deus filios quos recipit non nuncquam affligit in eo fiduciam habituri qui plerumque de non expectata salute solet in se sperantibus clementi consilio providere ; nec de statu dicti nepotis vestri quem nobis recommendatum habemus sollicitudo quevis vos distrahat cui proficienti in studio sucessu temporis laudabiliter, ut incepit, deesse non poterit ut speramus promocionis commoditas status sui decenciam congruentis.   Super eo vero quod retulistis magistro Radulpho de Malling' communi clerico nostro prout nobis scripserat quod quedam reprehensiva in collacionibus nostris Londonie inter confratres et coepiscopos suffraganeos nostros per nos correptive expressa suspicabamini, quasi de sinistra concepcione habita de persona vestra, fuisse prolata, pro certo teneatis quod a tem-
[Fo. 253^v.] pore ereccionis vestre in episcopum et pastorem nusquam
de hujusmodi nobis intimatis per eundem conscienciam nobis formavimus contra vos nec adhuc formare intendimus nisi quod deus avertat talibus involvi, quod tamen nequaquam credimus, vos contingeret infuturum, sed ad ea que vestrum ct vestrorum operabuntur solacium commodum et honorem semper animi nostri affeccionem simul cum exhibicione operis parati erimus inclinare. Valete et cetera.   Datum apud Maghefeld'.

[*October 3rd and 4th, 1298.   Memorandum that the Archbishop absolved John Cros of Lewes, Peter de Dene and Walter Edmund from sentence of excommunication for entering his chace at Southmalling.*]

QUALITER QUIDAM IMPEDIENTES VENACIONEM DOMINI PROPE SUHTMALL' PETIERUNT SE ABSOLVI.—Memorandum quod cum

nuper reverendus pater dominus Robertus dei gracia Cantuariensis
archiepiscopus et cetera in genere denunciasset et per alios
denunciari mandasset omnes et singulos excommunicatos, qui
libertates ecclesie Cantuariensis et precipue illos qui chaciam suam
prope Suhtmalling' infra confinia libertatum ecclesie Cantuariensis
predicte ibidem situatam, que chacia Anglice Stanmerefreth'
nuncupatur, perturbare seu infringere presumpserunt, Johannes
dictus Cros de Lewes domini comitis Warenn' receptor ac quidam
Petrus de Dene ejusdem comitis tunc ibidem parcarius coram dicto
patre in presencia domini Simonis Greilly canonici Cycestr',
magistri Thome de Upton' ipsius patris cruciferarii ac Hugonis de
Musele publici notarii anno domini M°. cc^{mo}. nonagesimo octavo
indiccione duodecima quinto nonis Octobris in camera ipsius patris
de Suhtmalling' personaliter comparuerunt, et predictam verentes
denunciacionem recognoverunt expresse se assensum prebuisse ad
chacie hujusmodi perturbacionem, consciencias suas ob id male
fore lesas asserentes, propter quod pecierunt humiliter et devote
flexis genibus quasi cum lacrimarum effusione sibi per dictum
patrem munus absolucionis impendi.   Qui quidem pater ipsis com-
paciens ut eorum contricioni congaudens prestito prius per eos
corporali sacramento de stando mandatis ecclesie ipsos a dicta
sentencia absolvit in forma juris.   Et volens idem pater micius agere
cum eisdem racione sue contricionis ut dicebat, injunxit eis ne ipsas
libertates decetero et specialiter libertatem chacie predicte impediant
vel impedire procurent per se vel suos clam vel palam, adiciens idem
pater quod perjuri pronunciabuntur si convincantur super hoc in
futurum.   Quibus omnibus et singulis acquieverunt ambo et alter
eorum acquievit.   Item die sequenti loco predicto et coram patre
predicto quidam Galterus dictus Edmund' ipsius comitis similiter
parcarius recognovit peciit juravit et absolutus fuit cui dominus
injunxit certam penitenciam.

[*October 20th, 1298.   Commission to proclaim in the parish church of Lydd and
neighbouring churches that the fifteen men of Lydd, mentioned in the previous
commission of June 12th, 1298, who had made humble submission and received
absolution, were again under sentence of excommunication.*]

DENUNCIACIO EXCOMMUNICACIONIS CONTRA HOMINES DE
LYDE.—Robertus et cetera magistro Martino commissario nostro
Cantuariensi salutem et cetera.   Licet Simon Wolnoht Johannes
Wolnoht Stephanus Galyat Ricardus Colyn Hamo Rikedoun Hamo
Uppedenn' Adam Lambert Ricardus Dering' Stephanus Gille
Willelmus Grym Thomas le Frawnceys Nicholaus Gerard Ricardus